POLÍTICA PARA PERPLEXOS

Dados Internacionais de Catalogação na Publicação (CIP)
(Câmara Brasileira do Livro, SP, Brasil)

Innerarity, Daniel
  Política para perplexos : o fim das certezas / Daniel Innerarity ; tradução Leonardo A.R.T. dos Santos. – 1. ed. – Petrópolis, RJ : Editora Vozes, 2021.

  Título original: Política para perplejos
  Bibliografia
  ISBN 978-65-5713-001-8

  1. Ciências sociais 2. Ciências políticas 3. Democracia 4. Multiculturalismo I. Santos, Leonardo A.R.T. dos. II. Título.

21-54590   CDD-320

Índices para catálogo sistemático:
1. Ciências políticas   320

Aline Graziele Benitez – Bibliotecária – CRB-1/3129

DANIEL INNERARITY

POLÍTICA PARA PERPLEXOS

O FIM DAS CERTEZAS

Tradução de Leonardo A.R.T. dos Santos

EDITORA VOZES

Petrópolis

© 2018, Daniel Innerarity
Tradução publicada mediante acordo com Galaxia Gutenberg, S.L.,
Barcelona (Espanha).

Tradução realizada a partir do original em espanhol intitulado
Política para perplejos

Direitos de publicação em língua portuguesa – Brasil:
2021, Editora Vozes Ltda.
Rua Frei Luís, 100
25689-900 Petrópolis, RJ
www.vozes.com.br
Brasil

Todos os direitos reservados. Nenhuma parte desta obra poderá ser reproduzida ou transmitida por qualquer forma e/ou quaisquer meios (eletrônico ou mecânico, incluindo fotocópia e gravação) ou arquivada em qualquer sistema ou banco de dados sem permissão escrita da editora.

CONSELHO EDITORIAL

Diretor
Gilberto Gonçalves Garcia

Editores
Aline dos Santos Carneiro
Edrian Josué Pasini
Marilac Loraine Oleniki
Welder Lancieri Marchini

Conselheiros
Francisco Morás
Ludovico Garmus
Teobaldo Heidemann
Volney J. Berkenbrock

Secretário executivo
João Batista Kreuch

Editoração: Maria da Conceição B. de Sousa
Diagramação: Sheilandre Desenv. Gráfico
Revisão gráfica: Nilton Braz da Rocha
Capa: Rafael Nicolaevsky

ISBN 978-65-5713-001-8 (Brasil)
ISBN 978-84-1735-500-5 (Espanha)

Editado conforme o novo acordo ortográfico.

Este livro foi composto e impresso pela Editora Vozes Ltda.

Para Sara, que soube lutar pelo que queria, em vez de apenas esperar que as coisas acontecessem.

Sumário

Introdução – A política na era da incerteza, 9

Parte I – O fim das certezas, 15
1 Quando o improvável acontece, 17
2 O ocaso da vontade política, 21
3 Os fatos não são mais de direita, 25
4 O horizonte conspirativo, 29
5 Mídia que media, 33
6 A sociedade de intrusos, 36
7 A sociedade dos cálculos, 40
8 Uma sociedade sob medida, 47

Parte II – A desregulação emocional, 53
9 Sociedades exasperadas, 55
10 A ansiedade coletiva, 61
11 A globalização do sofrimento, 65
12 Nostalgia das paixões tranquilas, 69
13 Alguém em quem confiar, 73

Parte III – A política em uma zona de sinalização precária, 79
14 Nós e eles, 81
15 O terrorismo e a guerra, 85
16 A nossa e a sua responsabilidade, 88
17 O que fazemos com as nações?, 91
18 A casta e as pessoas, 99

19 Contra o antipopulismo, 104
20 Soberania segundo Theresa May, 108
21 Quem é que manda aqui?, 113
22 O verdadeiro poder das mulheres, 120
23 Destros e canhotos, 124

Parte IV – A democracia na era de Trump, 131
24 O desconcerto das elites, 133
25 Uma política sem virtudes cívicas, 137
26 O velho e o novo capitalismo, 141
27 O fim do multiculturalismo?, 145

Parte V – Configurar sistemas inteligentes, 151
28 A política como âmbito de inovação, 153
29 Sobreviver aos maus governantes, 162
30 Proteger-nos de nós mesmos, 166
31 Democracia da negociação, 171

Parte VI – O que nos espera, 175
32 Esquadrinhar o futuro, 177
33 Mudar o mundo, 179
34 Por que o pessimismo não é razoável, 185

Introdução
A política na era da incerteza

Se eu tivesse que sintetizar o caráter do mundo em que vivemos, diria que estamos numa época de incerteza. Os seres humanos de sociedades anteriores à nossa viveram com um futuro talvez mais sombrio, mas a estabilidade de suas condições de vida – por mais negativas que fossem – permitia-lhes pensar que o futuro não lhes traria muitas surpresas. Eles podiam passar fome e sofrer a opressão, mas não estavam perplexos. A perplexidade é uma situação típica das sociedades em que o horizonte do possível se abriu de tal maneira que os cálculos sobre o futuro são especialmente incertos.

O século XXI estreou com a convulsão da crise econômica, que produziu ondas de indignação, mas não causou uma perplexidade específica; ela até contribuiu para reafirmar nossas principais orientações: quem eram os maus e quem eram os bons, por exemplo. O mundo foi nova e claramente categorizado entre perdedores e vencedores, entre as pessoas e as castas, entre quem governa e quem sofre sob quem governa, enquanto as responsabilidades foram atribuídas com relativa segurança. Mas o atual cenário político se encheu de decepções generalizadas que não se referem mais a algo concreto, mas a uma situação generalizada. E já sabemos que, quando o mal-estar se torna difuso, surge a perplexidade. Ficamos irritados com um estado de coisas que não pode contar com a nossa aprovação, mas ainda mais por não sabermos identificar esse mal-estar, a quem culpar por isso e a quem confiar a mudança dessa situação.

Alguém pode, no entanto, dizer que não faltam aqueles que estão absolutamente convencidos de algo, mesmo no meio dessa confusão geral. De fato, o fim das certezas não é apenas compatível com o fato de que algumas evidências se tornaram particularmente agressivas, mas que ambas podem ser conectadas. A existência de incerteza geral é compensada por supostas evidências que se tornam toscas e até ameaçadoras.

Pensemos em três assuntos de natureza muito difícil de determinar, mas que alguns tratam sem o menor grau de espanto: o povo, os especialistas e a identidade. É sempre mais complicado identificar o que as pessoas realmente querem, a autoridade dos especialistas é cada vez mais questionada e temos uma identidade, por assim dizer, menos enfática. Mas isso não impede que os apelos para resolver nossos debates sejam multiplicados por algum procedimento que deixe de lado a vontade popular; os especialistas impõem suas receitas econômicas com uma determinação que parece ignorar seus fracassos recentes e, de maneira cristalina, se restabelece a divisão entre nós e eles.

Não quero dizer que essas três coisas não existam, mas que são conceitos cuja invocação não resolve definitivamente nenhum problema nosso, porque torná-las concretas é uma questão política. Como outros parecidos, trata-se de conceitos legitimamente invocados, mas que devem ser considerados como construções políticas, e não como dados não negociáveis. O que a política está tentando fazer é que esses conceitos e outros semelhantes não sejam armas para atingir os outros, mas questões controversas sobre as quais é possível alcançar um compromisso político. O objetivo da política é garantir que a vontade popular seja a última palavra, mas não a única; que o julgamento dos especialistas seja levado em consideração, mas que não nos submetamos a ele; que as nações reconheçam sua pluralidade e se abram à redefinição e à negociação das condições de pertença.

Hoje em dia, entender o que está acontecendo é uma tarefa mais revolucionária do que criar agitação improdutiva, cometer erros de crítica ou manter expectativas irracionais. A política não pode continuar sendo o que Groucho Marx afirmava: a arte de fazer um diagnóstico falso e depois ministrar os remédios errados. Uma nova ilustração política deve começar desmantelando as análises ruins, desmascarando quem promete o que não pode oferecer, protegendo-nos tanto daqueles que nada sabem como daqueles que acham tudo muito claro. Conhecimento, reflexão, orientação e julgamento nunca foram tão libertadores.

Com este livro continuo, de alguma maneira, com as reflexões que fiz em *La política en tiempos de ultraje* [A política em tempos de ultraje] (Gutenberg Galaxy, 2015). São reflexões sobre o fio dos eventos que vivemos e que nos levaram da indignação à perplexidade, sem, é claro, não haver motivos para abandonar aquela. Na primeira parte, tomo nota de uma série de questões que parecem ter destruído nossas certezas, como a eclosão de eventos políticos que ninguém foi capaz de prever. Não é de surpreender que, em um horizonte de insegurança, a vontade também tenha se enfraquecido, substituída por duas possibilidades igualmente apolíticas: o imperativo de se adaptar ao que existe ou o apelo a se opor em qualquer situação. Os fatos também foram enfraquecidos com o que foi chamado de "pós-verdade" e que deu origem a uma verdadeira explosão de teorias da conspiração porque, como se sabe, quando os fatos são fracos, as fabulações se tornam irresistíveis. Aqui se inscrevem a atual crise do jornalismo e sua verdadeira necessidade: ajudar-nos a sobreviver no meio de um amontoado de informações que nos desorientam mais do que qualquer outra coisa. Não é de surpreender, portanto, que dessa perplexidade não possa nos libertar o recurso a algumas elites cuja perplexidade não é menos vulnerável à incerteza generalizada. E esse também é o contexto em que a análise dos dados e a medição da sociedade se converteram em um recurso tão promissor quanto limitado.

Na segunda parte do livro analiso o que poderíamos chamar de dimensão sentimental da questão. O desconcerto não é apenas algo que afeta o conhecimento, mas também as emoções, talvez mais perturbadas hoje do que nunca. Da mesma forma que lamentamos a pouca regulamentação dos mercados, também podemos verificar que nossos sentimentos flutuam sem qualquer ancoragem institucional, dando origem a sociedades exasperadas, ansiosas e irritáveis. Quando tudo se torna imprevisível, instável e suspeito surge a nostalgia de paixões tranquilas e se desperta, com especial inquietação, o problema de em quem confiar, como recuperar alguma referência que nos permita orientar nossos conhecimentos e emoções.

A terceira parte tem como objetivo analisar em que medida continuam válidas algumas das categorias – nós e eles, populismo e antipopulismo, as pessoas e as castas, o poder e a impotência, os homens e as mulheres, a direita e a esquerda... – que, devido à sua forma binária, até agora tiveram uma função esclarecedora. Tudo isso está cheio de paradoxos, e hoje parece muito difícil saber quem são dos nossos, como distribuir culpa e inocência, por que o fato de não ser populista não faz da pessoa um antipopulista, como se explica que um país possa ganhar soberania e perder poder, por que é tão difícil saber quem está no comando aqui ou qual a razão de a proposta de feminização da política ter sido tão insuficiente.

A vitória de Donald Trump foi uma dessas coisas improváveis que acabaram acontecendo em 2017 e à qual dedico atenção específica na quarta parte. O fato de ter sido algo improvável ou de que a maioria das previsões estivesse errada não quer dizer que não seja possível, retrospectivamente, tentar explicar por que isso veio a acontecer. Determinadas transformações políticas, econômicas e culturais podem nos ajudar a entender por que acabou acontecendo o que parecia impossível.

Na quinta parte ocupo-me do que deveríamos fazer. Minha tese fundamental é de que nossa ocupação fundamental deveria ser a elaboração de sistemas inteligentes, e não de um tipo de *casting* para encontrar as pessoas mais inteligentes. São os sistemas, estúpido! – poderíamos dizer, modificando a famosa frase de Bill Clinton. Os sistemas políticos devem ser pensados para que os maus governantes não causem muito dano, assim como o melhor aprendizado que podemos obter das falhas de nossas tecnologias é que elas devem ser configuradas para equilibrar a docilidade ao nosso comando com a resistência diante delas. Governar ambientes altamente complexos nos coloca diante de uma dificuldade com a qual até agora mal havíamos contado: não o faremos bem enquanto não aprendermos a administrar nossa ignorância, enquanto não soubermos o que fazer com o que não sabemos.

Na última parte do livro trato de dizer algo sobre o que nos espera, sobre o futuro e sobre como devemos nos relacionar com ele. Interrogar-se acerca do futuro é tão necessário quanto impossível. Um dos paradoxos mais preocupantes da nossa sociedade acelerada é que não podemos fazer nada sem antecipar um futuro que é praticamente imprevisível. Também não sabemos muito bem o que é mudar o mundo nem se somos nós que, na melhor das hipóteses, o mudamos ou se é o mundo que imperceptivelmente nos muda. Por fim, apesar de tudo, devemos ser otimistas, não tanto como um imperativo moral, mas por razões de tipo cognitivo. O pessimismo exigiria mais razões do que aquelas que temos.

Concluo este livro no final do meu período como professor na Universidade de Georgetown, onde desfrutei da Cátedra Davis de Estudos Interculturais. Discuti algumas das coisas que escrevi aqui com um de meus colegas e com meus alunos do curso sobre "Problemas da democracia contemporânea". Não faltaram problemas desse tipo no primeiro período do Governo Trump, que vivi – ou padeci – com especial intensidade. Durante esse tempo recebi de meus colegas e alunos lições de hospitalidade e também de civilidade em relação à emissão de juízo sobre a situação política naquele país e em geral. Quando alguém passa um longo período em outro país vive duas experiências muito interessantes: comprova quão distintas são as culturas políticas e, ao mesmo tempo, percebe até que ponto temos problemas muito similares.

Washington, 23 de novembro de 2017.
Dia de Ação de Graças

PARTE I
O FIM DAS CERTEZAS

Que algumas certezas nos abandonaram é algo que pode ser comprovado pela comparação de nossas previsões e com o que realmente aconteceu, ou se considerarmos a segurança desfrutada por muitas gerações e civilizações menos informadas que a nossa com uma tradição mais rígida que compensava a falta de liberdade com uma orientação acachapante.

Quando alguém está munido de várias certezas arrisca-se a acabar no fanatismo; o maior risco para quem está perplexo é o de se ajustar ao que é politicamente correto e pouco mais. Também há desconcerto sobre o que devemos fazer com o pouco de que temos certeza; há incerteza teórica e também da vontade: dificilmente conhecemos a realidade e não sabemos muito bem se é algo a que devemos nos adaptar ou combater. Fatos, teorias, histórias e expectativas tendem a se misturar e criar confusão. O que têm em comum a chamada pós-verdade, o desprezo pelos fatos e a facilidade com que nos rendemos às teorias da conspiração cujo principal defeito é explicarem demais? Tudo isso revela como estamos confusos, e alguns mais do que outros, não tanto por saberem menos, mas porque, como no caso das elites, se supõe que deveriam ter mais possibilidades e responsabilidade de saber mais. Se o velho Aristóteles ainda estiver certo e o que nós, humanos, queremos saber é verdade, não desistimos de nossa luta contra a perplexidade; e algumas de nossas invenções respondem à recuperação da certeza, como o jornalismo, o cálculo ou a medição de sociedade, que reflete a grandeza e a limitação de nosso esforço.

1
Quando o improvável acontece

Cada vez mais temos a sensação de que tudo pode acontecer na política, de que o improvável e o previsível não são mais tão impossíveis assim. Esse tipo de surpresa não seria tão doloroso se não fosse para mostrar que não temos controle sobre o mundo, nem no que se refere à sua antecipação teórica nem à sua configuração prática.

Desde o Brexit até Donald Trump, 2016 foi um ano difícil para as previsões. A maioria dos especialistas apostava que a maior parte dos britânicos votaria pela permanência na União Europeia, que um candidato como Trump não sobreviveria às primárias, que o populismo e a extrema-direita haviam chegado ao seu limite. O resultado é bem conhecido: impôs-se o Brexit, Trump venceu, Matteo Renzi perdeu um importante referendo constitucional (prospectado, como todos, para a vitória), os austríacos estavam prestes a eleger um presidente de extrema-direita, cuja versão alemã chegou a 14% nas eleições regionais (e, no ano seguinte, entraria no Bundestag pela primeira vez). Existem outros exemplos de democracias cada vez mais frágeis, inclusive dentro da União Europeia, como a Hungria e a Polônia, enquanto aumenta a relevância geopolítica da Rússia de Vladimir Putin.

Estamos em uma época cuja relação com o amanhã alterna brutalmente entre o previsível e o imprevisível, na qual as continuidades mais insuportáveis (de injustiça, estagnação econômica e irreformabilidade das instituições) ocorrem com os acidentes (como resultados eleitorais que ninguém havia previsto ou a escalada de certos conflitos). Há muitos anos, o debate era sobre se as mudanças em nossas sociedades seriam produzidas por meio de revolução ou de reforma. Atualmente, a mudança não é produzida nem por uma nem por outra; esse já não é mais o debate. A mudança é provocada por uma cadeia catastrófica de fatores inicialmente desconectados.

O que torna a política tão perturbadora é a imprevisibilidade da próxima surpresa que os cidadãos estão preparando para seus políticos. Ninguém sabe ao certo como funciona essa relação entre cidadãos e políticos, que se tornou uma verdadeira "caixa-preta" da democracia. Impera por todo lado uma medida excessiva de acaso e arbitrariedade.

Como fazer previsões quando não estamos em ambientes normais e nada se repete? A repetição dos processos é um dos procedimentos mais importantes para determinar a confiabilidade do conhecimento e das observações sobre a realidade. Contudo, a maioria dos processos democráticos do passado recente teria dado um resultado completamente diferente se eles pudessem ser repetidos. Isso se aplica ao Brexit e às penúltimas eleições americanas. E se determinados partidos pudessem antecipar os resultados eleitorais, David Cameron certamente não teria convocado o referendo europeu, e François Fillon, Hillary Clinton, Benoît Hamon ou Jeremy Corbyn não seriam candidatos novamente.

Toda essa incerteza coloca desafios especiais para as ciências que lidam com a interpretação de assuntos políticos. Em primeiro lugar, é necessária uma reflexão sobre a metodologia das pesquisas que subestimam as possibilidades de êxito de candidatos que, como Trump, quebraram as regras mais elementares do pleito eleitoral com uma campanha tóxica na qual se insultaram quase todos os possíveis grupos de referência (mulheres, imigrantes, veteranos de guerra...). A capacidade preditiva das pesquisas exige valorar melhor as atitudes e o comportamento dos eleitores. Em uma era de menos militância partidária e alta volatilidade, as margens de erro devem ser levadas mais a sério. As regularidades da democracia representativa como a conhecemos (especialmente a política de classe) parecem ter sido rompidas (a expectativa, p. ex., de que os trabalhadores votem na esquerda, pois, de uma maneira boa, parou de acontecer nos Estados Unidos, na França e na Inglaterra). Chegou a hora de refletir mais sutilmente sobre certas mudanças tectônicas que estão ocorrendo em nossas sociedades e medir melhor essas tendências.

A segunda advertência que devemos considerar é não subestimar a força daquilo que abominamos. Tentamos ser objetivos e argumentar com base em evidências, mas também os cientistas sociais são humanos e têm opiniões ou preferências, menos fáceis de conter quando estamos em situações de especial dramaticidade. Mesmo nesses casos, não devemos permitir que nossas preferências se convertam em preconceitos. Muitos dos que votaram no Brexit ou em Trump o fizeram com base em razões, e por mais que pensemos que sejam más decisões, não devemos parar de analisar os fatores que levaram tantas pessoas a votarem desse modo.

A terceira reflexão é que carecemos de novos conceitos para entender o que está acontecendo. O que significa o termo *establishment* quando todos os políticos passaram suas carreiras reclamando de onde saíram e continuam a representar? O que queremos dizer quando falamos de populismo e, sob esse termo, incluímos políticos tão diferentes quanto Donald Trump, Beppe Grillo, Alexis Tsipras ou Marine Le Pen? Alguém sabe exatamente o que os conservadores querem manter e para qual futuro os progressistas querem nos conduzir? Estamos usando termos vazios ("significantes vazios", conforme dizem aqueles que aspiram a obter alguma vantagem dessa ressignificação), e essa vacuidade mostra o quão pouco entendemos o que está acontecendo. Precisamos urgentemente de novos conceitos para entender as transformações da democracia contemporânea e não sucumbir em meio à incerteza causada por seu imprevisível desenvolvimento.

2
O ocaso da vontade política

O fato de vivermos em tempos de incerteza não é algo exclusivamente relacionado ao conhecimento, mas também à vontade. O desconcerto não é apenas desconhecimento, mas também desorientação que afeta a vontade.

O ocaso da vontade se manifesta em duas atitudes aparentemente contraditórias, mas que têm em comum a mesma perplexidade. Uma vontade política resignada está por trás de toda retórica de que não devemos fazer nada e nos adaptarmos ao que existe, mas também está naquelas formas de voluntarismo que enfrenta a realidade sem conhecer limites à vontade e que às vezes desliza rumo ao autoritarismo, o oposto da ideia de vontade política. Nos dois casos, encontramos a mesma renúncia a governar e regular, depois de refletir sobre o que é possível e o que é inevitável: a menor aspiração a configurar o espaço político com regras e normas, e até a transformar certos aspectos negativos do mundo atual que temos o dever político de combater. Alguns se resignam e se adaptam à situação e até mesmo formulam essa adaptação como um imperativo moral (modernizar-se, acompanhar os tempos, libertar-se do ônus de certos compromissos de solidariedade adquiridos) e outros se entregam a indignações improdutivas, à denúncia que dificilmente serve para a construção de responsabilidade. A aceitação, sem qualquer exame crítico, de todas as condições que a realidade parece nos impor corresponde à exaltação da crítica, sem qualquer análise das condições em que essa transformação deve se desdobrar. Por um lado, há uma pia aceitação de "realidades indiscutíveis"; e, por outro, uma crítica radical que é paga pelo preço de não compreender a realidade. Nas duas renúncias da vontade política a globalização é usada como escusa, reclamação ou justificativa.

A primeira atitude caracteriza mais a direita, obcecada pela estabilidade e despreocupada com a sustentabilidade. Em vez de moldar o futuro, ela apela a um simples movimento de constante adaptação, cujo motor não é a política, mas uma suposta objetividade do mundo, apresentada como realidade inquestionável. O cálculo se situa acima do julgamento e a estatística se torna a norma suprema. A globalização é mencionada como se fosse um processo necessário ou catastrófico que já teria se realizado de modo inexorável e que exige apenas de cada um de nós um esforço contínuo de adaptação. Nesse sentido, pode-se lembrar Herbert Marcuse em *O homem unidimensional*: uma coisa é aceitar os fatos como um dado que deve ser levado em conta, e outra é aceitá-los "como um contexto definitivo".

Aqui se revela que a globalização está mudando o mundo sem dirigir-se à vontade, mas apelando a sentimentos como o desejo mimético de enriquecimento, a comodidade, o instinto de conservação ou o medo. Temos uma forma global que multiplica as liberdades individuais e restringe a liberdade política (o mundo como resultado de decisões políticas livres), que oferece abertura ilimitada mas sem alternativas, que dá a palavra a todos mas rejeita qualquer referência crítica, que domestica satisfazendo necessidades. O foco do Estado nas questões de segurança é bastante propício para a total submissão à lógica do mercado globalizado, território especialmente cômodo para as novas direitas. O Estado reforça sua intervenção sobre os cidadãos em termos de segurança, enquanto a restringe em questões econômicas e sociais.

A versão da esquerda nesse ocaso da vontade política é o desconhecimento dos limites da ação política, a contestação sem nuanças do processo de globalização, concordando com a direita em supor que se trata de um fenômeno ingovernável ao qual devemos nos adaptar (para os primeiros) ou ao qual é preciso resistir (para os últimos); em ambos os casos sem nuanças. Direita e esquerda, portanto, coincidem na inevitabilidade dos processos sociais. Isso pôde ser comprovado na rejeição de acordos comerciais ou nos protestos diante das cúpulas internacionais do G-20. Boa parte da esquerda parece estar negando a globalização e buscando o futuro no mundo do passado. Em vez de rejeitar a globalização ou aceitá-la com resignação, a esquerda deveria se comprometer com uma crítica real que não a impedisse de ver as oportunidades que representa. Não se trata de salvar o Estado de bem-estar, mas de repensar a redistribuição em um contexto global e produtor de desigualdades sem precedentes.

Não há dúvida de que o mundo em sua forma atual contém muitas realidades inaceitáveis, como a corrupção e a pobreza, o insuficiente engajamento contra as mudanças climáticas e a indiferença ou hostilidade diante da realidade da migração desesperada. O problema é como fazer frente a essas realidades quando não é possível contar com um poderoso instrumento de controle. A supervalorização das instâncias estatais em um tipo de esquerda social-democrata é um erro semelhante ao da esquerda mais radical que confia tudo à espontaneidade dos movimentos de contestação social. A "abolição do capitalismo" se converte, assim, num significante vazio que reflete o mal-estar diante de um mundo jamais compreendido. A *boa* vontade parece isentá-los de configurar uma vontade *capaz* de levar a cabo as transformações desejadas ou de proteger efetivamente como prometera.

Há duas formas de protestar contra a complexidade do mundo de hoje. Uma é a concentração conservadora na própria autenticidade e na proteção cultural combinada com o compromisso de não intervir nos processos sociais, privando os bens públicos de sua relação com o Estado e o Direito. A outra é uma concepção de regulação como controle baseado no preconceito de que querer é poder. Mas o problema não é que se reúnam vinte chefes de governo. O problema é que ainda não temos uma ideia de como reconciliar as forças da inovação tecnológica e econômica com os objetivos de uma vontade política configurada.

3
Os fatos não são mais de direita

A realidade sempre foi um pouco mais de direita: evidenciar um fato parece implicar que não se admitem interpretações e recordar os limites do possível. Quem se refere a algo como um fato costuma querer interromper o debate e, pior ainda, limitar nossas aspirações. A inexistência de alternativa tem sido o argumento típico da direita, e, enquanto isso, criticar essa ideia se tornou um tipo de discurso que faz parte do que é politicamente correto na esquerda. É assim que nosso campo ideológico foi configurado: os que são de direita defendem os fatos e seu vocabulário correspondente (objetividade, limitações, dificuldade da tarefa, escassez de recursos; o possível); já os de esquerda são a favor de alternativas e até de utopia, e, portanto, tendem a falar de imaginação e de crítica, faculdades que não se dão muito bem com a realidade da qual se distanciam e até mesmo combatem abertamente.

Se considerarmos boa essa simplificação (que, como todas as outras, falsifica um pouco as coisas, mas serve para nos guiar) podemos constatar a curiosa novidade de que hoje alguns conservadores são aqueles que menos apreciam a realidade e mentem com mais ousadia; a capacidade de fabulação de certos personagens da direita histriônica ultrapassa em muito a imaginação de seus adversários. Talvez estejamos entrando em um momento no qual a criatividade começa a ser propriedade de reacionários. Pensemos no desprezo olímpico pela objetividade exibida de um personagem como Donald Trump ou nas mentiras do Brexit. O magnata americano sustentou, contra todas as evidências, que não apoiou a invasão do Iraque, que Barack Obama nasceu fora dos Estados Unidos e que a imigração mexicana cresceu dramaticamente (quando na verdade não parou de cair nos últimos dez anos). Quanto ao Brexit, basta lembrar que Nigel Farage fez campanha denunciando que o Reino Unido pagava 350 milhões de libras por semana por pertencer à União Europeia; quando, na verdade, contribuiu com metade.

Refletir sobre esses casos pode nos ajudar a entender melhor o mundo em que vivemos e, mais especificamente, o tipo de cultura política que estamos moldando. O embate político acontece sem que a realidade esteja envolvida e gira em torno de ficções úteis. Os tecnocratas buscavam que a realidade confirmasse ou desmentisse suas hipóteses; os populistas preferiam a construção de metáforas mobilizadoras. Daí a proliferação de "narrativas" e até mesmo de teorias conspiratórias. O enquadramento (*framing*) goza de poder absoluto; a verossimilhança é mais importante do que a verdade. Essas construções narrativas cumprem uma função semelhante à do mito nas sociedades pré-ilustradas.

Como o espaço público é constituído para que esse desprezo pelos fatos encontre eco em vez de censura? Para começar, tudo isso tem muito a ver com a crescente espetacularização da política, e já se sabe que uma boa história, mesmo que ilusória, diverte mais do que os fatos. Estes não são divertidos, e é por isso que são marginalizados em uma política que há muito tempo se instalou no puro entretenimento, no qual agimos como clientes, como espectadores que se divertem ou se indignam, dependendo do caso, e cuja lógica tem mais a ver com o consumo do que com a deliberação ou com o engajamento ativo.

Certamente, essa "irrealização" da política – isto é, o intento de que ela tenha cada vez menos a ver com a realidade – não teria essas dimensões sem as redes sociais, que facilitam a disseminação de todo tipo de opinião e são um amplíssimo mostruário de afirmações sem nenhum tipo de hierarquia ou critério. Portanto, as redes sociais democratizam na mesma medida em que desorientam. O fato de o jornalismo mais tradicional ter grandes dificuldades em ordenar todo esse barulho é, ao mesmo tempo, causa e consequência da vertiginosa proliferação de opiniões. Daí ser muito salutar que tenha surgido ultimamente um novo tipo de jornalistas batizados de *fact-checkers*: profissionais encarregados de verificar as afirmações dos políticos. Para que o debate público seja de qualidade não basta que os fatos mencionados sejam verdadeiros, mas podemos ter certeza de que, se referências forem completamente falsas, não teremos uma verdadeira discussão democrática. Hannah Arendt disse que, embora a objetividade seja difícil, essa dificuldade não prova a supressão das linhas de demarcação entre o fato, a opinião e a interpretação nem uma desculpa para manipular os fatos.

Tudo isso nos obrigará a repensar o lugar dos especialistas em uma democracia e que valor damos à objetividade. É claro que é indefensável que entreguemos o poder aos especialistas, porque uma democracia não é um regime no qual quem conhece domina – entre outras coisas –, porque não está decidido de antemão quem são os que sabem. No entanto, o papel dos especialistas em nossos processos de tomada de decisão não diminuirá, mas será mais relevante em consonância com a complexidade dos problemas coletivos que enfrentamos. Também será necessário repensar o que significa objetividade em uma sociedade democrática. Obviamente, objetividade não pode mais ser equiparada à inquestionabilidade ou vir acompanhada de um gesto autoritário; mas ela pode ser um árbitro imparcial que modera nossos juízos políticos sem impedir que estes sejam diferentes.

4
O horizonte conspirativo

T.S. Eliot disse que os seres humanos não podem suportar muita realidade, mas na minha opinião estamos em pior situação quando rodeados de muita incerteza. A crise das "grandes narrativas" dificulta a compreensão daquilo que está acontecendo, inserindo-a em um esquema geral que lhe dá significado e causando a sensação de perda de controle sobre o mundo. Se é verdade que nossa época é caracterizada por incertezas e medos, não é estranho que o lugar das construções ideológicas esteja parcialmente ocupado por pequenas narrativas de conspirações que se multiplicam para explicar o que de outra forma não compreenderíamos. Quando os fatos são frágeis as fabulações se tornam irresistíveis.

Muito desse sucesso também é explicado pelo aumento de situações que geram ansiedade, como o terrorismo internacional, as catástrofes ecológicas, a dissolução do vínculo social, a crescente insegurança do mercado de trabalho, a perda de confiança nas autoridades e os "especialistas". Por mais ilusórias que sejam essas explicações, elas servem para dar sentido a coisas tão disparatadas e desconcertantes que acontecem em um mundo caótico e instável, no qual tudo parece possível, até o pior. Desse modo, satisfazem a nossa necessidade de estruturas e modelos de inteligibilidade, o que também inclui alguma indicação para saber quem são os bons e os maus dessa história.

Talvez isso explique o crédito dado a histórias que explicam demais, como conspirações tramadas por um sujeito onisciente. Daí também a obsessão pela transparência em uma cultura que, como a nossa, gira em torno do visual. Se tudo o que acontece se deve a relações que não vemos é porque algo está sendo deliberadamente escondido de nós. O desejo de que nos mostrem o que escondem tem duas suposições: que nosso principal problema se deve a essa falta de visibilidade e que devemos estar em posição de ver e monitorar tudo.

Na penúltima campanha presidencial americana, por exemplo, esse tipo de recurso eclodiu com intensidade especial. Entre as muitas tramas imaginárias que foram denunciadas destacou-se a acusação de Donald Trump a Barack Obama por ter fundado o Isis, mas não faltaram explicações bizarras no campo democrata quando consideraram Trump um infiltrado de Vladimir Putin. O conspiracionismo tem uma longa tradição nos Estados Unidos, como Richard Hofstadter explicou na década de 1960 em seu estudo sobre o estilo paranoico da política americana. É, aliás, um recurso compartilhado pela esquerda e pela direita, como a crítica ao *establishment*, que dá tão bons retornos a um e outro grupos. De diferentes maneiras, ambos opõem um povo saudável e harmonioso a um inimigo externo, quer se trate de imigrantes, do islamismo, de elites ou dos outros, de um modo geral. Para aqueles que raciocinam em termos de conspiração, a sociedade está em um estado de inocência e sem conflito; o distúrbio só poderia ser explicado pela interferência de forças externas incorporadas pelos conspiradores, que uns chamam de estrangeiros e outros de elites. Não é de surpreender que um intelectual da esquerda antiglobalista como Noam Chomsky se sirva dessa estratégia de denunciar conspirações e justifique o uso dessa palavra diante daqueles que "querem que você não reflita sobre o que realmente está acontecendo". A proximidade entre o pensamento crítico e o pensamento conspirativo é perturbadora, e quem estiver interessado em desafiar as inúmeras injustiças de nossa sociedade deve evitar explicá-las com uma visão binária que reduza tudo a um combate deveras nítido entre os bons e os maus – e não porque não existam, sobretudo estes últimos. Quem empreende uma batalha de denúncia, crítica e compromisso não está se eximindo de fazê-lo com serenidade e rigor intelectual, embora não sejam poucos os que, por sua vez, denunciaram esse estilo como falta de radicalismo diante do mal.

Se as teorias da conspiração são tão bem-acolhidas é porque elas cumprem sua função elementar de fornecer um esquema de explicação fácil, global e, acima de tudo, intencional para uma realidade política cada vez mais complicada. Elas se conectam com o desassossego e a impotência de um indivíduo colocado diante de uma realidade política que não compreende nem controla; são um alívio, ainda que apenas temporário, desse desconforto. As teorias da conspiração eliminam toda a casualidade da história e do funcionamento das sociedades, reduzindo a complexidade irritante a encadeamentos simples. Se não há acaso deve haver responsáveis ocultos pela infelicidade do mundo. O raciocínio conspiracionista pressupõe que nada acontece por acidente, que tudo o que acontece é resultado de intenções ocultas e que tudo está conectado, mas de maneira oculta.

Quem aceita uma explicação desse tipo recupera ilusoriamente uma certa soberania cognitiva sobre a realidade ao ter uma história que a torna inteligível. Essa soberania é obviamente transitória, pois impede compreender aquelas constelações políticas nas quais o mal que acontece não se deve a ações intencionais, mas a erros ou ao acaso, que são mais habituais do que o desejo expresso de causar dano. O consumidor dessas explicações esquece que, como Max Weber nos ensinou, "o resultado da atividade política raramente responde à intenção primitiva do ator". Quem não sabe disso não sabe nada sobre como a política funciona. Mas também ocorre o paradoxo de que, dessa maneira, o poder de intervir na realidade seja ainda mais limitado, porque a denúncia de inimigos muito poderosos também amplia o desânimo, levando ao horizonte de fatalidade. Pensar de maneira conspiracionista é manter, ao mesmo tempo, uma visão mágica da política e alimentar o desânimo coletivo.

Para a tão necessária crítica do mundo contemporâneo os esquemas conspirativos são de pouca utilidade. Enquanto ficamos obcecados com as conspirações dos outros, somos muito indulgentes com nossas próprias torpezas. Deveríamos prestar mais atenção em como este mundo produz suas próprias catástrofes, nos riscos que assumimos irracionalmente, na falta de previsão no emprego de certos dispositivos tecnológicos e no enfraquecimento da responsabilidade.

É claro que existe perversão na história, mas entenderíamos melhor nossa condição se reconhecêssemos que o engano é o estado natural do ser humano, que a maldade é mais a exceção do que a regra, tal como há mais improvisação do que previsão ou mais erro do que engano. Eu me atreveria a afirmar que na maldade há mais engano do que planejamento. Por que deveríamos atribuir maior clarividência e habilidade àqueles que praticam o mal do que ao resto dos mortais?

5
Mídia que media

O fascínio atual pelas redes sociais, pela participação ou pela proximidade mostra que a única utopia que ainda está viva é a *desintermediação*. A desconfiança das mediações nos leva a assumir automaticamente que algo é verdadeiro quando é transparente, que toda representação falsifica e que todo segredo é ilegítimo. Não há nada pior do que um intermediário. É por isso que, de antemão, um filtro parece mais próximo do que um jornalista, um amador do que um profissional, as ONGs mais do que os governos; e, por esse motivo, nosso maior desprezo é dirigido à pessoa que representa a maior mediação: como as pesquisas nos lembram, nosso grande problema é... a classe política.

Existe uma lógica de fundo que conecta o desinteresse pelo jornalismo (porque pelas redes sociais já seria possível se informar e se expressar sem a necessidade de autorização), a preferência por mercados pouco regulamentados (assumindo que a mera agregação espontânea de interesses produza os melhores resultados) e o desprezo pela política (uma vez que os artifícios da representação serviriam apenas para falsificar a verdadeira vontade do povo, que seria mais bem-afirmada quanto mais direta ou plebiscitária fosse a democracia). Nesses três casos, que caracterizam muito bem o modo de pensar dominante de nossa época, recorre-se à ideia de que o mundo (quer dizer: verdade, justiça e democracia) está imediatamente ao nosso alcance e de que os procedimentos e instituições para a configuração desses valores são os culpados por sua desfiguração. A lógica do clique, do voto ou da opinião espontânea tornaria desnecessário qualquer instrumento para elaborar as opiniões e as decisões; jornais, regulações, partidos, sindicatos, parlamentos seriam igualmente dispensáveis e até mesmo mascaradores da realidade ou da vontade do povo.

Este é, na minha opinião, o contexto mais apropriado para refletir sobre a atual crise do jornalismo e defender seu valor em uma democracia. O discurso acerca da "pós-verdade" está nos distraindo de algo mais preocupante do que a distorção intencional da realidade por algum vilão: a incapacidade de os sujeitos se encarregarem da complexidade informacional do mundo. Se estamos em um momento de crescente incerteza não é porque alguém está deliberadamente criando confusão (ou não apenas por isso), mas porque nos faltam instrumentos que organizem os dados, ponderem os julgamentos e ofereçam uma visão coerente da realidade. Carecemos dessa intervenção da mídia como ferramenta de orientação em ambientes repletos de mentiras, é claro; mas ainda mais com dados irrelevantes e estados de ânimo confusos. Essa defesa das mediações não implica render-se à autoridade de algum árbitro privilegiado – entre outras coisas –, porque existem muitas mediações que competem entre si; é um reconhecimento de que nossas limitações cognitivas não advêm do fato de que a informação é escassa, mas do fato de não termos instrumentos para fazer frente à complexidade do mundo e nos orientarmos nesse ambiente.

As sociedades avançadas exigem, com razão, um maior e mais fácil acesso à informação. Mas a abundância de dados não garante a vigilância democrática; para que isso aconteça também é necessário mobilizar comunidades de intérpretes capazes de fornecer um contexto, um sentido e uma valoração crítica. Separar o essencial do anedótico, analisar e colocar os dados em uma perspectiva adequada requer mediadores que tenham tempo e competência. Nesse trabalho de interpretação da realidade são inevitáveis também os jornalistas, cujo trabalho não é supérfluo na era da internet, muito pelo contrário.

6
A sociedade de intrusos

A história da humanidade tem sido regida por uma profunda desigualdade que resultou em uma assimetria nas relações de visibilidade. Alguns viam mais do que outros, o poder consistia em se ocultar ou esconder determinadas coisas. Ver implica controle social; geralmente, à medida que as chances de observação aumentam, as chances de ser visto diminuem. A opacidade, o sigilo, a informação privilegiada e a ocultação foram as estratégias das quais se serviu o controle exercido pelos governantes, a dominação masculina e a riqueza dos poderosos.

A luta pela igualdade sempre implicou, entre outras coisas, uma luta pela observação. Uma sociedade do conhecimento é caracterizada pelo fato de que os instrumentos que possibilitaram tais operações de vigilância sobre as pessoas estão agora disponíveis para os vigiados. Vivemos em uma espécie de "panoptismo cívico" que reinvestiu o exercício de controle: todos nós nos tornamos, em maior ou menor grau, observadores e vigilantes do poder.

Essa capacidade de exercer como intrusos em espaços opacos alterou radicalmente as hegemonias habituais. A democratização do olhar não é apenas equivalente à emancipação completa, mas é o começo de uma onda de democratização que terá grandes consequências. A partir do momento em que tudo é visto, as sociedades adquirem um poder de que pouco dispunham anteriormente. O que têm em comum o surgimento de fenômenos como a indignação e o fato de os eleitores serem cada vez menos previsíveis, a ocorrência de maior volatilidade social ou o desvelamento dos fenômenos de assédio sexual? Ora, fundamentalmente, tudo isso se deve ao fato de que aumentaram as possibilidades de observar as pessoas sobre eventos que antes eram protegidos da visão pública pelo sigilo estatal ou pela sua manutenção na esfera privada. Hoje qualquer um pode ver quase tudo e torná-lo conhecido. A partir deste momento é cumprido o princípio formulado por Anthony Giddens de que os antigos mecanismos de poder não funcionam em uma sociedade na qual os cidadãos vivem no mesmo ambiente de informação daqueles que os governam. Isso não significa que o sigilo ou a dominação serão completamente abolidos, mas que eles estão sendo reduzidos em virtude da configuração de uma humanidade observadora que tem cada vez mais instrumentos para saber o que acontece nas tramoias do poder e nos espaços de intimidade.

O mundo se tornou um lugar publicamente vigiado. As dinâmicas de contestação significaram a entrada das sociedades no debate político internacional. O espaço público global configurou instâncias que se expressam e se desafiam. Claro que não devemos alimentar muitas esperanças. A opinião que explode no cenário internacional não é o contrapoder ideal, uma força efetiva capaz de neutralizar o poder dos estados. Mas essa intrusão e vigilância já contradiz o mero jogo de poder ou o benefício da ignorância que têm sido muito úteis para os poderosos nas chancelarias internacionais ou nas alcovas de Hollywood. Quinze milhões de pessoas nas ruas, em fevereiro de 2003, não conseguiram impedir a guerra no Iraque, mas contribuíram decisivamente para deslegitimá-la; abusos sexuais não desaparecerão de uma vez, mas nada será como antes da onda de denúncias desencadeada em 2017.

A política há muito tira proveito do benefício da ignorância. Os estados podiam se permitir quase tudo quando mal se sabia o que estavam fazendo. O golpe do Exército Soviético em Budapeste em 1956 teve menos resistência do que aquilo que foi repetido doze anos depois em Praga; a televisão havia sido instalada em muitos lares e a imagem dos carros de combate disponibilizados pelo Pacto de Varsóvia contribuiu para forjar um começo da opinião pública internacional. Vivemos em um mundo que rejeita a desculpa do segredo. Foi criado um espaço público no qual todos somos testemunhas de genocídios, de violações da legalidade, de opressões de todos os tipos, de abusos e desigualdades. A globalização também é um espaço de atenção pública que reduz significativamente as distâncias entre as testemunhas e os atores, os responsáveis e os espectadores, a própria pessoa e os outros. Assim, novas comunidades transnacionais de protesto e solidariedade vão sendo estabelecidas. Os novos atores, na medida em que monitoram e denunciam, desestabilizam cada vez mais a capacidade de o poder se impor de forma coercitiva.

Provavelmente estamos em um momento de mudança na qual o plano das velhas assimetrias é sobreposto pelas novas possibilidades de observação, e já começamos a verificar que a nova visibilidade também tem sua ambivalência e alguns efeitos secundários que precisamos corrigir. Uma sociedade na qual todos se veem, todos comparam, de tecnologias abertas e fáceis de usar, no mundo das redes, as fronteiras perdem sua capacidade de delimitação e reserva. Essa configuração aberta contém, ao mesmo tempo, possibilidades de avanço e retrocesso democrático que precisamos aprender a gerenciar. Existe uma intrusão emancipatória que permite aos cidadãos observarem e julgarem, mas também de desenvolverem livremente a intrusão eleitoral ou a pirataria digital; o que facilita a primeira também permite a segunda. O espaço aberto da internet, graças ao qual monitoramos e processamos quem governa, é o mesmo no qual são realizados linchamentos digitais, notícias falsas e ataques cibernéticos.

Após uma certa pompa e circunstância digital descobrimos que a internet não é um espaço livre de dominação, que a capacidade de observar também agrada aqueles que querem nos controlar ou condicionar nossas decisões. Enquanto ainda comemorávamos os efeitos democratizantes do WikiLeaks, ficamos em pânico pelos *trolls* russos, e certos personagens passaram rapidamente de heróis a vilões. A vulnerabilidade dos espaços digitais, que era uma boa notícia para os cidadãos observadores, torna-se agora uma má notícia para o exercício da vontade popular. O que antes era uma extensão da soberania torna-se uma ameaça para ela; o que os estados temiam agora é o pesadelo das sociedades. Isso nos agradava porque nós, a sociedade com poder, éramos os intrusos; mas nos deixou desconfortáveis quando descobrimos que essa intrusão podia ser feita por qualquer pessoa, e não necessariamente com a melhor das intenções.

No fim das contas, precisaremos reequilibrar os relacionamentos de visibilidade nesses ambientes para os quais as regras antigas de sigilo desigual não são válidas. O problema é como certos bens públicos – a publicidade do sistema político, a veracidade da informação, o direito de decidir sem interferência – são defendidos em um mundo no qual o controle não pode mais ser exercido de maneira hierárquica e com espaços fechados. O objetivo seria garantir que não possa ser ocultado tudo o que é relevante para o exercício dos direitos democráticos sem que essa permeabilidade dos espaços impeça a proteção das instituições que possibilitam o exercício desses direitos.

7
A sociedade dos cálculos

Pode-se dizer, sem exagero, que há algum tempo vivemos em uma sociedade desconhecida: não temos conceitos adequados para entender as novas realidades, as análises que realizamos são muitas vezes deficientes e parecemos incapazes de prever o futuro. De vez em quando há um intenso debate sobre o motivo de as pesquisas se equivocarem, mas receio que isso seja um caso específico de uma certa dificuldade mais geral em acreditar na previsão de eventos futuros. Não são somente os resultados das eleições que custamos a adivinhar, mas também a popularidade de uma série de televisão, o comportamento de uma empresa no mercado de ações ou as crises financeiras. Essas falhas teriam alguma explicação, especialmente se considerarmos que não nos faltam instrumentos sofisticados de medição?

A sociedade é mais difícil de conhecer por causa de sua instabilidade e aceleração. Quando falamos em volatilidade ou imprevisibilidade estamos aludindo ao fato de que a sociedade se encaixa cada vez menos nas categorias pelas quais a medimos e atuamos sobre ela. A individualização dos modos de vida contribuiu para aumentar a volatilidade das opiniões, a pluralização de interesses e a diversificação do consumo. Muitos comportamentos são cada vez menos enquadrados pelas grandes variáveis explicativas usadas por sociólogos, especialistas em *marketing* e políticos.

Durante os últimos anos tem-se falado muito sobre a crise da representatividade política, e esse fenômeno tem muito a ver com o enfraquecimento dos procedimentos estatísticos e com os modelos preditivos que tornavam inteligível o comportamento social. A crise da representatividade, ao invés de uma questão política, é de natureza epistemológica. Não nos sentimos bem-representados somente porque cada vez menos pessoas obedecem a uma única lógica, mas também porque não queremos ser entendidos ou governados dessa maneira. Nessa resistência a categorias gerais há uma reivindicação explícita ou implícita de singularidade. Por fim, a desconfiança dos indivíduos em relação a políticos, jornalistas, sindicalistas ou especialistas deve-se à recusa em serem devorados por classificações previamente definidas. O máximo que alguém pode aceitar é que o considerem parte do *povo*, daí o sucesso dessa categoria tão leve, na qual é mais fácil reconhecer a si mesmo do que em outros termos mais enfáticos.

Essa lógica também é consequência da individualização que acompanha o uso do mundo digital. Nas sociedades hierárquicas – com acesso ao espaço público altamente restrito – era fácil falar em nome do indivíduo mediante categorias que o representavam. Governantes, líderes de todos os tipos e estatísticos falavam pela sociedade. Essa palavra delegada aparece cada vez mais como abstrata e arbitrária, incapaz de representar a diversidade de experiências individuais. Uma vez que a internet abriu a capacidade de falar com todos, o monopólio exercido pelos representantes sobre a descrição da sociedade entrou em colapso e, com ele, as categorias que permitiam que alguns falassem e agissem em nome dos outros. Os indivíduos passaram a representar a si mesmos ou afirmam não ser reduzidos à categoria que os representa; não aceitam ser reduzidos a categorias como classe, profissão, afiliação ideológica ou nacionalidade que respondiam a um mundo de *status*, a delimitações rígidas ou a identidades excludentes.

Agora, qualquer instituição que procure se dirigir ao público – seja uma empresa que vende, um sindicato que se mobiliza ou um partido que aspira a receber votos – enfrenta a dificuldade de identificar os desejos dos clientes, os interesses dos trabalhadores ou a vontade dos eleitores, quando nichos de mercado, a classe trabalhadora ou a distinção entre direita e esquerda não são mais categorias contundentes. Como calcular a sociedade sem categorizar as pessoas, sem rotulá-las excessivamente, mas sem perder ao mesmo tempo a capacidade de identificar as pessoas e os grupos sociais com alguma precisão?

Este é o contexto no qual a solução dos *big data* é apresentada, cuja revolução está menos na acumulação de dados do que na maneira de calculá-los. A sociedade não é vista a partir de categorias nas quais os indivíduos se encaixariam, mas a partir dos traços que eles realmente deixam e os singularizam. Em vez de variáveis estáveis e estruturantes, os algoritmos preferem capturar eventos (um clique, uma compra, um movimento, uma interação...) sem categorizá-los. As calculadoras substituem uma teoria unificada dos comportamentos por um mosaico constantemente revisável de explicações locais e comportamentos prováveis. Seriam os procedimentos mais adequados para entender a sociedade dos indivíduos e a indeterminação de suas ações. Concebidos a partir dessa lógica, um número crescente de esferas sociais – a cultura, a saúde, o trabalho, as finanças... – foi equipado com algoritmos que organizam informações, ajudam a tomar decisões e automatizam processos que até então controlávamos pessoalmente.

Para justificar o desenvolvimento desses instrumentos preditivos *os* promotores dos *big data* desqualificaram a capacidade dos julgamentos humanos como a origem de muitos erros, otimistas demais, ideologizados, sujeitos a emoções. Para dizê-lo com Ian Ayres, pensar com números é a nova maneira de ser inteligente. Não é por acaso que esses procedimentos para interpretar nossas sociedades despertaram o entusiasmo da esquerda e da direita; àqueles que estavam especialmente interessados na autorrealização, essa revolução dos cálculos prometia a emancipação de qualquer categoria totalizante e consagrar a decisão individual, mas também foi assumida pelas políticas neoliberais da década de 1980, que generalizaram os indicadores, pensando, assim, em enterrar permanentemente as ideologias em favor de uma nova objetividade tecnocrática.

Entretanto, para obter os melhores resultados dessa revolução dos cálculos é preciso se distanciar de certos mitos que a acompanham, especialmente aquele de que o mundo é imperfeito porque nos faltam dados para corrigi-lo. Tendo isso como correto, o cálculo reduziria os erros dos governantes, a imprecisão dos médicos ou o desperdício dos mercados.

Em princípio, a revolução dos dados não nos garante objetividade. Estamos diante de uma revolução que consagra correlações sem causas e dados sem teoria. Chris Anderson, um dos gurus do Vale do Silício, anunciava o fim da teoria. As calculadoras de *big data* poderiam procurar correlações sem se preocupar com um modelo que lhes desse uma explicação. Os novos procedimentos estatísticos prosseguiriam indutivamente, procurando regularidades e formulando o mínimo de hipóteses possível. Em todo caso, os modelos comportamentais que eles produzem seriam *ex post*. Mas também sabemos, diante desse extremo objetivismo, que os dados brutos não existem; toda quantificação é uma construção que estabelece convenções para interpretá-los.

Há outra fonte de imprecisão que decorre de certos dados não serem resultado de um rastro involuntário, mas de ação intencional. Como em todas as medições de reputação na WEB, não é difícil manipular os indicadores. As transmissões de televisão estão muito atentas aos comentários suscitados no Twitter; as marcas contam os *likes* que receberam (ou compraram) no Facebook; os militantes partidários se instalam em seus quartéis-generais para bombardear as redes sociais quando o candidato aparece na televisão; há instituições que melhoram sua *performance* nos indicadores e não tanto no que os indicadores deveriam medir...

Talvez a coisa mais insatisfatória dessa revolução nos cálculos seja que ela em nada é revolucionária. A análise dos dados atua como um dispositivo de registro a ponto de apresentar grandes dificuldades em identificar o que há nessa realidade de aspiração, desejo ou contradição. Como alertou Dominique Cardon, a ideologia dessa superação sediciosa de toda ideologia é um "behaviorismo radical": por um lado, pensamos em nós mesmos como sujeitos emancipados de toda determinação, mas continuamos sendo, mais do que gostaríamos, seres previsíveis ao alcance das calculadoras. Não é verdade que deixar tudo nas mãos de nossa decisão – como consumidores ou eleitores – entroniza nossa decisão livre, apenas pelo fato de que, mesmo quando temos a sensação de tomar decisões únicas, nossos comportamentos obedecem aos hábitos inscritos em nossa socialização. Além disso, se quisermos levar a sério nossa liberdade, também faz parte dessa aspiração modificar o que temos sido, dando, assim, origem a situações que são, em certa medida, imprevisíveis.

E a esse respeito, os algoritmos que se dizem preditivos são muito conservadores. Asseguram que se deve confiar mais nos comportamentos reais dos indivíduos do que naquilo que eles dizem realizar. Os algoritmos preditivos não respondem ao que as pessoas dizem que querem fazer, mas o que realmente fazem sem dizer. São preditivos porque formulam continuamente a hipótese de que nosso futuro será uma reprodução de nosso passado, mas não entram na subjetividade complexa de pessoas e sociedades, nas quais também surgem desejos e aspirações. Eles dificilmente registram, por exemplo, a aspiração pessoal de parar de fumar e continuam anunciando tabaco, assumindo que continuaremos fumando; no nível coletivo, pouco fazem para formular ambições políticas, como a luta contra a desigualdade, que ajudam a reproduzir. Como queremos entender a realidade de nossas sociedades se não introduzimos em nossas análises, além dos comportamentos do consumidor, as enormes assimetrias em termos de poder, as injustiças deste mundo e nossas aspirações de mudá-lo?

Como, então, deveríamos pensar a relação entre algoritmos e seres humanos? Certamente como um relacionamento tenso no qual os dois polos se corrigem mutuamente, mas não uma submissão em qualquer direção, um relacionamento distante da euforia digital e do pesadelo dos tecnofóbicos. Nem os algoritmos se curvam diante dos usuários da internet – como alguns argumentam com entusiasmo – nem têm a capacidade de nos controlar de modo absoluto – como outros temem. Se os primeiros exageram no potencial emancipatório dos *big data*, os últimos dramatizam seus riscos totalitários.

Já adverti até que ponto os algoritmos são conservadores e oferecem menos liberdade do que prometem. Faltaria concluir esse quadro apontando algumas inconsequências dos pessimistas. Se, em relação à técnica, os otimistas exageram as liberdades que ela nos fornece, os pessimistas geralmente as subestimam. Os perigos que os tecnofóbicos nos alertam são improváveis quando a internet permite o acesso aos mais diversos conhecimentos e a um grande número de escolhas. Com frequência, aqueles que clamam contra ameaças à nossa liberdade são os mesmos que lamentam o fato de a rede permitir a circulação pública das ideias mais extremistas e delirantes. Também costumam ignorar esse fato: aqueles que usam esses dispositivos podem desenvolver estratégias para se oporem à vontade das calculadoras, como ficou evidenciado nos grupos de apropriação cidadã e nas iniciativas de auditoria dos algoritmos.

Em vez de dramatizar o conflito entre humanos e máquinas, parece mais razoável considerá-los como duas realidades que interagem e se modificam mutuamente. Ciberutopistas e paranoicos fazem parte do mesmo coro que recebe com perplexidade as novas realidades do mundo digital. Quanto mais cedo abandonarmos essas ilusões e esses medos, mais cedo entenderemos o mundo atual. Necessariamente, nosso entendimento da sociedade deve ser inversamente proporcional ao número de dados que temos.

8
Uma sociedade sob medida

Quando não entendemos a sociedade nós a medimos. Quase tudo pode ser quantificado: a competitividade das empresas, a popularidade dos políticos, a qualidade de vida nas cidades, o gosto do vinho, a qualidade do sistema educacional... Estamos configurando uma sociedade de pontuações, *rankings* e classificações (*ratings*), impactos, indicadores, curtidas, estrelas, taxas... Vivemos no regime da omnimetria, onde tudo pode ser medido e nada é avaliado objetivamente sem as quantidades. Há uma permanente medição e valoração de coisas, pessoas, profissões e instituições.

A sociometria é uma maneira de compensar nossa dificuldade em interpretar a sociedade em que vivemos. As classificações são instrumentos para ordenar a informação e proporcionam ajuda na hora de decidir sem perder tempo em interpretar os dados. As classificações numéricas oferecem a vantagem de serem facilmente compreensíveis e aceitas sem muito questionamento. Elas têm o encanto da simplicidade em ambientes cada vez mais confusos para eleitores, investidores, consumidores ou estudantes. As medições aliviam a confusão causada pelo aumento da incerteza social e permitem ordenar o excesso de informação a que estamos submetidos.

Os números desempenham uma função importantíssima na sociedade contemporânea, seja para os mercados, a ciência ou a política. A medição do social permite traduzir para um mundo complexo a linguagem padronizada dos números, na qual domina uma ordem clara e a princípio incontroversa. É uma maneira de garantir a correção do julgamento sobre si mesmo e sobre os outros. Os números transmitem precisão, clareza, simplificação, imparcialidade, objetividade, verificabilidade e neutralidade. A valoração, algo que em princípio tem a ver com a qualidade, é formulada em termos quantitativos. Confiamo-nos ao carisma frio dos números para que, com sua ajuda, possamos entender assuntos complicados e, assim, torná-los comensuráveis, comparáveis com outros.

Os parâmetros quantitativos são sempre reducionistas. Para começar, porque a medição se refere fundamentalmente à parte quantitativa das coisas. Inevitavelmente, a pessoa que mede presta mais atenção às dimensões que se deixam medir melhor, de modo que sejam privilegiadas em relação a outros aspectos da realidade. A quantificação faz com que certos aspectos se destaquem enquanto torna outros invisíveis.

A lógica da medição também possui certos efeitos secundários que modificam o que é medido em detrimento dessa suposta objetividade. A mentalidade quantitativa nos coloca imediatamente em termos de competitividade, e isso desencadeia uma certa astúcia para melhorar a aparência. Não é raro que as instituições se dediquem mais a cuidar de sua própria imagem do que a melhorar seu funcionamento; que a concorrência, para atrair a atenção, esteja acima do conhecimento crescente; que o impacto seja mais valorizado do que o conteúdo. Também devemos considerar que a medição é uma atividade que altera nossas ações. Muitas das modificações feitas por aqueles que são medidos (professores, empresários, políticos) constituem um claro avanço (como melhorar a transparência, a atenção ao cliente ou o desempenho), mas não devemos nos esquecer da existência daqueles que gerenciam muito bem a própria reputação, omitindo quase todo o resto.

A chamada Lei de Campbell alerta para essa modificação da realidade a ser medida. O psicólogo americano a formulou da seguinte maneira: "Quanto mais um indicador for usado para tomada de decisões, mais ele estará sujeito a pressões de corrupção e mais apto a ser distorcer e corromper os processos sociais usados para monitorar". O exemplo a que ele se referia tinha a ver com um evento trágico na Guerra do Vietnã. Na primeira fase da guerra, o Exército Americano tinha escassa informação sobre o número de baixas que produziu no inimigo e propôs que elas fossem contadas para avaliar a eficácia das unidades de combate. Isso implicava pressionar para matar o maior número possível de inimigos, o que incluía cada vez mais civis, já que em uma guerrilha a diferença entre soldado e civil não é totalmente clara. Com esse indicador foi implementado um incentivo que resolveu essa diferença turva em uma determinada direção perversa: aumentar o número de pessoas a serem eliminadas.

A forma numérica se reveste de uma objetividade indiscutível e confere às opiniões uma capacidade especial de se impor. É mais difícil duvidar de um julgamento baseado em dados do que daquele que se apresenta como mera opinião. A quantificação – isto é, a transformação dos fenômenos sociais na linguagem dos números – muitas vezes consegue se afastar da obrigação de se justificar e, assim, se imuniza contra as críticas. Os algoritmos dificilmente precisam de uma justificativa; sua natureza técnica permite ocultar as premissas tácitas de sua elaboração, as seleções preferidas e as alternativas excluídas.

Mas não é verdade que as medidas ou os indicadores sejam completamente objetivos e desinteressados. Números não são apenas matemática; eles também fazem política. As práticas do cálculo não são formas neutras do social. Os algoritmos produzem e representam o que deve ser considerado relevante e valioso. As estatísticas afirmam refletir uma realidade objetiva, mas são construções seletivas que produzem parcialmente essa realidade. O mundo dos números institucionalizados prescreve aos autores como hão de ver a realidade e de acordo com quais princípios devem atuar.

Frequentemente nos esquecemos de que os números carregam consigo determinados conceitos políticos, prescrições normativas e interesses econômicos. Hoje, boa parte da crítica social deve consistir em chamar a atenção para esse condicionamento que se pretende dissimular. Como é sabido, os resultados das pesquisas, as listas propostas ou as sugestões na internet são amplamente direcionadas; o fato de as três principais agências de classificação de risco serem norte-americanas influencia suas avaliações, menos objetivas e desinteressadas do que afirmam; há diversas maneiras de avaliar a estabilidade monetária, a disponibilidade de risco, o desemprego ou a dívida pública para medir a pobreza ou a riqueza; o mesmo pode ser dito dos *rankings* das universidades, que favorecem o modelo anglo-saxão de uma universidade focada na pesquisa, em detrimento de outras funções sociais.

Quem tem soberania na gestão dos números? Quem define as regras pelas quais as classificações e os intervalos são distribuídos? As classificações não são impostas por suas próprias evidências, mas são o resultado de um certo combate social em torno do que poderíamos chamar de autoridade algorítmica. Assim que se decide consagrar um determinado indicador, todos os atores são forçados a ser guiados por ele. Na luta pela classificação também estamos arriscando uma certa distribuição de poder; privilegiamos uma descrição concreta da realidade em detrimento de outra e estabelecemos critérios concretos de legitimidade.

Não é de surpreender, portanto, que haja cada vez mais protestos tentando quebrar as taxonomias institucionalizadas, desmascarando aqueles que se beneficiam delas ou a sua suposta neutralidade. Um exemplo disso é o que Isabelle Bruno chamou de *statactivism*, o ativismo político em torno das estatísticas. Muitos grupos perceberam que as estruturas sociais são condicionadas pela decisão em favor de certos indicadores e critérios de avaliação, incluindo procedimentos automatizados. Formaram-se movimentos, como a ONG Algorithm Watch, que exigem transparência e direito à crítica. Outro exemplo desse tipo de controvérsia é o que há muito tempo ocorre em torno da medição do Produto Interno Bruto (PIB) e que na França foi assunto de um relatório de Joseph Stiglitz, Amartya Sen e Jean-Paul Fitoussi, no qual pretendia incluir, por exemplo, a desigualdade ou as questões ambientais.

Uma de nossas principais batalhas políticas girará em torno dos conceitos apropriados para a hora de medir, para a apresentação pública dos dados e para as consequências políticas que produziriam. Em um mundo no qual a política é confiada a representações quantitativas, a luta pelo modo de medir já se tornou uma tarefa genuinamente democrática.

PARTE II
A DESREGULAÇÃO EMOCIONAL

Passamos muito tempo examinando como devem ser racionalizados o diálogo e a coexistência, enquanto ignoramos quase tudo sobre como estavam se configurando os novos espaços emocionais das sociedades democráticas. As guerras, a economia, a sociedade são cada vez mais assuntos primordialmente emocionais, espaços sentimentais nos quais se desdobram a ansiedade, a raiva e a confiança. Esses estados de espírito, menos enquadrados do que nunca em estruturas institucionais estáveis ou tradições poderosas, são agora, ao mesmo tempo, fontes de conflito e vetores de construção social. Cometeríamos um grave erro se desqualificássemos esses sentimentos coletivos como explosões irracionais, ignorando sua enorme força transformadora, bem como a possibilidade de que, depois de vagar por espaços que não são mais emoldurados politicamente, eles terminem em frustração, desconfiança ou simplesmente em nada. O governo das emoções coletivas encerra uma força essencial para a transformação das sociedades democráticas; aí estamos jogando, para o bem ou para o mal, muito mais do que na vida política formal. A luta contra a perplexidade política deve começar com um exame de nossa paisagem afetiva. O desconcerto político tem mais a ver com a incapacidade de reconhecer e administrar nossas paixões do que com a ordem dos conhecimentos.

9
Sociedades exasperadas

Não me parece exagerado afirmar que vivemos em sociedades exasperadas. Por motivos mais do que suficientes em alguns casos e por outros menos razoáveis multiplicam-se os movimentos de rejeição, raiva e medo. As sociedades civis entram em cena contra o que consideram um *establishment* político arrogante, alheio ao interesse geral e impotente para lidar com os principais problemas que afligem as pessoas.

Provavelmente tudo isso deve ser explicado tendo como pano de fundo as mudanças sociais pelas quais passamos e a nossa incapacidade de entendê-las e governá-las. Assistimos impotentes a uma série de transformações profundas e brutais de nossa forma de vida. Há quem culpe a globalização por essas mudanças; outros culpam os migrantes, a técnica ou uma crise de valores. Em todo caso, abordamos essas mutações com irritação, convencidos de que não temos nenhuma capacidade de iniciativa sobre elas. Há decepcionados em toda parte e por motivos variados, frequentemente contraditórios, à direita e à esquerda, os que foram decepcionados pelo povo ou se sentem traídos pelas elites; alguns lamentam a falta de globalização e outros o excesso. Esse mal-estar se traduz em fenômenos tão heterogêneos quanto o movimento da indignação ou a ascensão da extrema-direita em tantos países da Europa. Por todo lado cresce o partido dos descontentes. Na competição política têm mais chance de vencer os que conseguirem representar melhor esse mal-estar. E não há nada pior do que aparecer diante da opinião pública como alguém resignado à situação atual, o que provavelmente explica a que se devem as dificuldades dos partidos tradicionais, que estão mais conscientes dos limites da política, menos capazes de assumir o controle de novas agendas e que mantêm posições equilibradas que resultam incompreensíveis para os enraivecidos.

A extensão desse estado emocional não seria possível sem a mídia e as redes sociais. Nessa sociedade irascível, grande parte do trabalho da mídia é justamente pôr em cena ataques de raiva, enquanto as redes sociais são continuamente ativadas, dando origem a verdadeiras bolhas emocionais. Nesse *mix* de informações, entretenimento e espetáculo que caracteriza nosso espaço público, os sentimentos têm primazia sobre os discursos. As virulências são vistas como exercícios de sinceridade e os discursos qualificados como inautênticos; aqueles que são mais ofensivos ganham mais atenção na esfera pública. Graças à mídia e às redes sociais há um ganho de capital concedido a quem sabe dar o seu *show*. Tudo isso deixa uma questão preocupante no ar: e se a mídia estivesse aprimorando e entretendo a impotência democrática, ou seja, inflando nossas expectativas, ressaltando as incapacidades coletivas, ampliando nossos medos e oferecendo mais atenção aos provocadores?

Deveríamos começar, no entanto, reconhecendo a grandeza da cólera política, a disposição de rejeitar o inaceitável e a sua insaciável demanda por justiça, contra a falta de atenção que a sociedade dominante presta aos menos favorecidos. Quem não fosse escandalizado por nada estaria renunciando a uma dimensão essencial da cidadania: permanecer sensível ao que se vê. E a realidade do nosso mundo é escandalosa, no geral e no detalhe. Não faltam motivos para se enraivecer ou, para dizer de forma branda com Jean-Paul Sartre: *se révolter*. Enquanto a apatia coloca os eventos sob o signo da necessidade e da repetição, a raiva descobre um distúrbio por trás da ordem aparente das coisas, recusando-se a considerar o presente insuportável como um destino ao qual se submeter. Essa capacidade de lidar com o inaceitável tem sido amplamente elogiada ao longo da história, desde Aquiles e a reflexão homérica sobre a cólera até as revoluções modernas e contemporâneas. A cólera política mostra que ser civilizado e se comportar de maneira ordenada não é suficiente para construir a coexistência. Uma sociedade que rejeitasse todas as expressões de paixão, mesmo as mais excessivas, seria uma sociedade apática, sem os recursos da contestação, do conflito e da crítica. A aventura democrática não é apenas composta de trocas interessadas e cálculos de utilidade, mas também da irredutível impetuosidade dos conflitos.

O quadro de indignações ficaria incompleto se não levássemos em consideração sua ambivalência e cacofonia. Nem todas as indignações valem a mesma coisa; haja vista que, enquanto algumas se voltam contra as desigualdades e a dominação, existem as homofóbicas e racistas. O desgosto diante da impotência política deu origem a movimentos de regeneração democrática, mas também está na origem do surgimento da direita intransigente que avança em tantos países pleiteando ordem e eficácia em detrimento de outros valores mais importantes. Há vítimas, mas também vitimismos; ademais, o *status* de indignado, crítico ou vítima não converte a pessoa em alguém politicamente infalível.

Para ilustrar essa variedade de iras coletivas pensemos em como a política americana viu nascer dois movimentos de cólera social oposta depois de 2008 (o Tea Party e o Occupy), assim como o fato de que os últimos ciclos eleitorais foram marcados por polarização política e pela ascensão de discursos extremos. O sucesso do então Presidente Donald Trump nas pesquisas foi interpretado como a grande cólera do povo conservador. Mas às vezes se esquece que a ascensão do Tea Party foi o anúncio pelo governo de Barack Obama de novas medidas de resgate financeiro para os grandes bancos, exatamente a mesma coisa que lançou os movimentos de protesto na esquerda alterglobalista. Uma mesma decisão e duas reações opostas nos extremos políticos. Especificamente, o Tea Party expressa o populismo americano típico. Descrevem-se os "produtores" honestos como vítimas de um sistema que privilegia os inúteis e os parasitas, os especuladores como vítimas dos bancos e das empresas ferroviárias por volta de 1880; hoje, Wall Street... Um discurso que na realidade não é nem de esquerda nem de direita, que pode servir para uma coisa e para seu oposto, que se conecta com setores muito diversos da população e que revela muitas afinidades com modos de pensar que poderíamos colocar em antípodas ideológicas.

Ou então pensemos no número crescente de desafetos em relação ao projeto europeu que compartilham o objeto de sua ira a partir de abordagens ideológicas antagônicas. Há quem se indigne porque a integração europeia põe em risco a identidade das nações, mas também quem se indigna com a incapacidade de ir além das nações e fornecer uma solução transnacional, por exemplo, para o drama dos refugiados; alguns criticam a falta de legitimidade democrática das instituições comuns, e outros, sua ineficácia, para cuja superação seria necessário adotar medidas contrárias e, por vezes, antitéticas.

A indignação muitas vezes carece de reflexividade. Michaël Foessel designou como "cóleras vãs", autorreferenciais, os sentimentos daqueles que são insensíveis às razões e aos afetos dos outros e não se veem obrigados a especificar as suas próprias. É por isso que temos boas razões para desconfiar das cóleras majoritárias que frequentemente acabam designando um inimigo, o estrangeiro, o islamismo, a casta ou a globalização, com generalizações tão injustas quanto o que se quer denunciar, dificultando a imputação equilibrada de responsabilidades. Deve-se sempre fazer uma distinção entre indignação com a injustiça e as cóleras reativas, preocupadas em apontar os culpados enquanto falham estrepitosamente quando se trata de construir uma responsabilidade coletiva.

O fato de a indignação estar mais interessada em denunciar do que em construir é o que lhe confere uma grande capacidade de contestação e o que explica seus limites quando se trata de se traduzir em iniciativas políticas. Uma sociedade exacerbada pode ser uma sociedade na qual nada é alterado, incluindo o que causou tanta irritação. O principal problema que temos é como garantir que a indignação não seja reduzida à agitação improdutiva e leve a transformações efetivas em nossas sociedades, e que essas iras que agitam os desapontados também podem gerar uma nova frustração, uma resignação que desemboque no abandono do campo político. Em um momento histórico no qual os compromissos são mais incertos, embora não haja falta de indignação, o poder transformador da ira é menos evidente. O que fazer para garantir que a indignação não seja essa enervação tranquilizadora que revela a incapacidade de representar um futuro viável?

Diante do atual transbordamento de nossas futuras capacidades de configuração, as reações variam da melancolia à ira, mas em ambos os casos há uma rendição implícita à passividade. No fundo, estamos convencidos de que nenhuma iniciativa propriamente dita é possível. Os atos de indignação são atos apolíticos na medida em que não estão inscritos em construções ideológicas completas ou em qualquer estrutura duradoura de intervenção. Geralmente o político aparece hoje sob a forma de uma mobilização que dificilmente produz experiências construtivas, que se limita a ritualizar certas contradições contra os governantes, que por sua vez reagem simulando o diálogo sem nada fazer. Temos uma sociedade irritada e um sistema político agitado, cuja interação dificilmente produz algo novo, como teríamos direito de esperar, dada a natureza dos problemas que temos de lidar.

A política se reduz, por um lado, a uma prática prudente de gestão sem entusiasmo, e, por outro, a uma expressividade brutal de paixões sem racionalidade, simplificada no combate entre os gestores cinzentos da impotência e os provocadores, em François Hollande e Marine Le Pen, para dar um exemplo (a *Hollandia* e a *Lepenia*, como dizia Dick Howard, referindo-se à França). Quando a linguagem política se degrada e parece não ter outros recursos além da retórica da administração tecnocrática e das mensagens publicitárias, a linguagem elementar da ira acaba vencendo a batalha.

A miséria do mundo deve ser governada politicamente. Seria a questão de acabar com exasperações improdutivas e redirecionar a desordem das emoções ao crivo dos argumentos. Arriscamos tudo em nossa capacidade de traduzir a linguagem da exasperação em política; ou seja, converter esse amálgama plural de irritações em projetos e transformações reais, dar vazão e coerência a essas expressões de raiva e configurar um espaço público de qualidade, onde tudo seja discutido, ponderado e sintetizado.

10
A ansiedade coletiva

À medida que diminui a capacidade de muitos instrumentos com os quais tentamos entender a sociedade aumenta o poder dos afetos e emoções para explicar o comportamento social. Certamente, os sentimentos são das pessoas, mas também existem sociedades nas quais são produzidas constelações emocionais, atmosferas afetivas, sentimentos generalizados que explicam muito do que sentimos, expressamos ou fazemos. Os sentimentos podem estar, como se costuma dizer, na superfície, mas também fora dela, vagando como uma propriedade coletiva.

Um desses sentimentos, pessoais e coletivos, de nossas sociedades é a ansiedade. Nosso mundo parece ser mais incerto, mais inseguro e, portanto, mais ansioso do que em épocas anteriores, quando havia muitas dificuldades, mas ao menos podíamos contar com um futuro calculável, com sociedades estruturadas e até com ameaças identificáveis. Era possível tomar decisões bem-informadas com um sistema partidário estável, um emprego seguro e uma expectativa de que as condições de vida – às vezes dolorosas – não mudariam demais. O cenário atual é muito diferente: as condições incertas de trabalho, a confusão causada pela volatilidade das mudanças, as dificuldades de distinguir informações e boataria, a natureza de novos conflitos que, como o terrorismo, representam uma ameaça difusa e indiferenciada... Tudo isso produz irritação, perplexidade, insegurança e ansiedade, não tanto pelos danos causados, mas pela dificuldade de identificá-los e de se proteger contra eles. Há ansiedade em relação ao mundo, ao seu futuro e ao futuro pessoal e coletivo a ele associado. Temos um cenário coletivo no qual se contagiam e realimentam os afetos caóticos de ansiedade, consumidores compulsivos, sociedades em alerta máximo, mercados histéricos, ameaças onipresentes e cidadãos desconfiados.

Na história do pensamento psicanalítico, a ansiedade é descrita como uma forma de medo que não tem objeto de referência. Os indivíduos ansiosos vivem em uma condição de perigo flutuante, sendo incapazes de descrever a fonte de sua angústia, e isso reforça seu desconforto. A lógica da ansiedade representa uma ruptura em relação à do medo e do risco. O objeto da ansiedade não é identificável; assim, a segurança é muito mais limitada. Tempos de ansiedade produzem um medo cuja fonte não conhecemos. Ter medo de algo vago, enfrentando um futuro com um nível de incerteza superior ao que somos capazes de suportar produz em nós uma preocupação especialmente intensa.

A nova ansiedade altera a equação tradicional entre perigo e proteção que deu forma e legitimidade às nossas instituições sociais, econômicas e políticas. Antes havia ameaças e proteções concretas eficazes em maior ou menor medida; hoje, temos riscos indeterminados e promessas de segurança que agem como placebos. Na sociedade da ansiedade, práticas antigas são mantidas para fornecer segurança com uma eficácia mais limitada. A perplexidade que tudo isso produz é o que explica o tom negativo que tomou conta da política. Quase todos os agentes políticos contam ao eleitorado uma história de descontentamento e frustração. Uma característica dos discursos políticos atuais é a proliferação de ideias e categorias centradas na suposição de que um desastre está por vir. A prevenção tornou-se uma estratégia-chave, o que parece bastante razoável, mas também há fenômenos de histeria e ofertas populistas de proteção com os quais é fácil seduzir boa parte da sociedade.

Quando a única coisa em que parecemos confiar é que o futuro pode ser muito diferente do presente e de maneiras imprevisíveis, não há como refutar qualquer motivo de preocupação. A ansiedade fixa os sujeitos no momento presente e desmantela sonhos e ilusões por um futuro melhor. Dessa fixação no presente faz parte a velocidade da informação, que há muito tempo deixou de servir para nos dar uma ideia coerente do que ocorre e funciona em contrapartida como ruído que acalma nossa desorientação. O aumento da informação disponível e sua atualização impulsiva não significa que estejamos mais bem-informados, mas nos leva a acreditar que estamos isentos de exercer reflexão pessoal.

Outro assunto que aumenta a ansiedade coletiva é o terrorismo e a forma de lidar com ele. Em vez de enfrentar uma ameaça tangível, as práticas de segurança nesse horizonte ansioso funcionam sem saber exatamente o que estão procurando. Essa perplexidade trai a surpresa com a qual nos perguntamos sobre os motivos que levaram à violência contra os jovens de Ripoll ou o aposentado de Las Vegas (ambos ocorridos em 2017). Os instrumentos de controle e vigilância constroem critérios de suspeita por meio de algoritmos, dados e confisco de informações privadas. Campanhas de segurança, suspeita contra migrantes, práticas indiscriminadas de detenção etc. normalizam a desconfiança e a suspeita. Examinam-se pessoas e grupos como se não fossem o que parecem ser. A atitude de desconfiança gera numerosos paradoxos, como o aumento do sentimento de desconfiança. O incremento da suspeita nas sociedades abertas acentua a lógica da ansiedade. A vigilância aumenta a suspeita e, por sua vez, a suspeita leva ao aumento da vigilância. Pensemos, por exemplo, na demanda universal por transparência, que tem o efeito colateral de que qualquer zona de sombra se torne um pouco perturbadora. A suspeita generalizada torna menos nítida a diferença entre racionalidade e pânico, entre antecipação razoável e ansiedade fora de controle. A desconfiança tornou-se uma atitude generalizada por trás da suspeita daqueles que não nos são familiares, de quem nos é estranho, reforçando a polarização e a exclusão. Desconfia-se de quem milita a favor da transparência democrática, mas também do xenófobo, criando-se involuntariamente um clima que aumenta a ansiedade coletiva.

O que podemos fazer para deter esses círculos infernais que rompem o equilíbrio emocional de pessoas e sociedades? Nesses tempos em que governar não significa mais garantir a segurança, mas sim administrar inseguranças, a serenidade é provavelmente o mais revolucionário, um valor que deve ser mais apreciado por nossos governantes e que devemos também cultivar entre nós, enquanto cidadãos, eleitores, consumidores, telespectadores... ou simplesmente enquanto seres humanos.

11
A globalização do sofrimento

As guerras não são mais a mesma coisa. Estamos perplexos diante de conflitos bélicos e ações terroristas que não sabemos muito bem como entender e muito menos como combater. Os ataques do terrorismo jihadista e a própria natureza do autodenominado Estado Islâmico (Isis) têm propriedades que não se encaixam nas antigas categorias bélicas. Os novos conflitos têm muito pouco a ver com as guerras da nossa história: são realizados sem estados, sem exércitos, fora de qualquer lógica territorial. Por esse motivo, os instrumentos militares clássicos perdem muito de sua eficácia nesses novos conflitos. Estamos enfrentando adversários que não têm território, nem governo, nem fronteiras, nem diplomatas, nem um assento no Conselho de Segurança, nem verdadeiras razões para negociar...

Poderíamos dizer que as guerras são uma questão cada vez mais social do que militar. Em outros momentos da história elas envolviam apenas uma elite que as empreendia como se fosse um torneio entre dirigentes; atualmente se inserem nas sociedades e são mais direcionadas aos civis do que aos militares. Seria possível afirmar que a guerra dos pobres substituiu a competição entre os poderosos. Não se trata de um confronto entre poderes estabelecidos; mas, pelo contrário, um efeito da fragilidade decorrente da ausência de instituições, da precariedade do vínculo social, da miséria que encontra nas sociedades guerreiras um meio pelo qual pode se canalizar. São conflitos que se alimentam de patologias sociais, transcendem o jogo interestadual e requerem, acima de tudo, tratamento social. A guerra – se a palavra ainda pode ser usada – é cada vez mais socializada. Não apenas porque envolve mais civis, mas porque suas causas estão mais nos dramas sociais do que nas estratégias políticas dos dirigentes.

Explicar de onde surgem os conflitos e quais são suas causas profundas não desculpa nem relativiza a agressão, mas serve para combater suas causas, para além das respostas que devem ser sempre dadas às suas manifestações. Acredito que esses novos conflitos se expliquem por pelo menos três propriedades: a desintegração social, o contágio que caracteriza um mundo interdependente e o caráter global da desigualdade.

Comecemos pela desintegração social e a fraqueza institucional. A essência desses conflitos deve ser buscada no caminho que leva do sofrimento social à violência globalizada. O sociólogo francês Émile Durkheim colocou no centro de seu pensamento a ideia de que a falta de integração social conduz a graves patologias. Em outras palavras: o econômico não é suficiente para criar uma verdadeira integração da sociedade, que sempre implica um mínimo de redistribuição e reconhecimento do outro. O que Durkheim considerava essencial para as nações do final do século XIX tornou-se também indispensável em todo o mundo. Essa analogia não soará exagerada se considerarmos que a globalização alcançou um nível de proximidade, visibilidade e densidade social equivalente ao dos estados europeus no final do século XIX. A paz mundial está ameaçada pela falta de integração social internacional, assim como as desigualdades domésticas em um mundo no qual os estados-nação eram quase a única referência para medir a desigualdade. O problema é que, por assim dizer, o sofrimento está se internacionalizando mais rápido do que a nossa capacidade de integrar este mundo institucionalmente. Estamos numa época em que o internacional é bastante intersocial, como sugere Bertrand Badie. Essa intersocialidade é mais rápida do que a decisão política e produz seus efeitos antes que a política assuma o controle.

Em segundo lugar, um mundo interdependente significa que é contagioso e está desprotegido. Os problemas se expandem e afetam todos nós. É um mundo no qual não podemos mais nos ignorar, onde negligenciar as misérias dos outros não nos protege de sua influência sobre nós. A indiferença não é possível, nem material nem eticamente. A ideia de interdependência significa precisamente que todos dependemos de todos, os fracos dos fortes, é claro, mas cada vez mais também os fortes dos fracos, cujo sofrimento termina por ameaçar aquele que se julgava mais a salvo. Que segurança podemos ter em um mundo no qual estamos todos ligados a todos, onde a violência não se detém diante de nenhuma fronteira, como tampouco o fazem as doenças ou a poluição?

E, em terceiro lugar, a desigualdade assumiu magnitude global. Em um espaço visível e comunicado, a referência para avaliar a situação também não para nas fronteiras. Daí a intensidade dos movimentos migratórios e a inutilidade de limitá-los quando as aspirações à igualdade são formuladas em escala global e os parâmetros de comparação foram além do seio dos estados. Fome, desemprego, guerras, insegurança sanitária, fragilidade das instituições, tudo isso contrasta com as possibilidades abertas em outras partes do mundo e desencadeia o movimento imparável dos desesperados. A brutalidade dos contrastes sociais tornou-se um gerador de deslocamento maciço. Um mundo unificado e extremamente desigual é fonte de instabilidade e insegurança.

Se queremos governar essa globalização do sofrimento não temos escolha, a não ser levar a cabo uma política social de globalização que envolva regulação, solidariedade e cooperação; ou seja, introduza na agenda global as grandes questões sociais internacionais. Demos alguns passos, mas estes são claramente insuficientes. Até o Programa das Nações Unidas para o Desenvolvimento (Pnud), de 1966, tínhamos um modelo de desenvolvimento que apenas analisava variáveis econômicas. A partir dessa época, considerações sociais globais passaram a fazer parte da análise da situação internacional. Mais tarde, o Índice de Desenvolvimento Humano (IDH), que inicialmente considerava um número limitado de variáveis, começou a ampliar a agenda de segurança e incluiu as dimensões sociais. De maneira ainda insuficiente, o sofrimento coletivo vem fazendo eco nas prioridades globais. A Agenda pela Paz, elaborada na cúpula do Conselho de Segurança das Nações Unidas, já estabelecia em 31 de janeiro de 1994: "Extirpar as causas mais profundas dos conflitos: a miséria econômica, a injustiça social e a opressão política".

Entramos na era dos conflitos da exclusão social, em relação aos quais a intervenção militar é uma solução claramente insuficiente. A essa violência da extração social se combate com intervenções armadas. Seria uma questão de priorizar as questões sociais internacionais ou, em outras palavras, entender as questões internacionais a partir de uma perspectiva social. Há uma questão social global que deve ser diagnosticada e gerenciada, como se fez com a questão social que surgiu no interior dos países nos séculos XIX e XX.

12
Nostalgia das paixões tranquilas

A crise econômica revelou a singular transformação emocional do capitalismo contemporâneo. Mudou o papel que o liberalismo atribuiu às paixões e interesses. O capitalismo do século XVII entendia a ganância como uma paixão útil que poderia fornecer a força para manter a vontade de vencer e limitar as paixões autodestrutivas. O interesse econômico seria um híbrido de paixão e razão, um mediador entre ganância e calculabilidade. Tal ideia de transformação de vícios privados em virtudes públicas se baseia nessa utilidade econômica das paixões, conforme expresso na fábula de abelhas de Bernard de Mandeville. A ganância seria socialmente útil porque mantém a vontade de conquistar a confortável satisfação das necessidades materiais. Quando a ganância está ligada a interesses econômicos e seu potencial de excitação é limitado acaba se tornando o que David Hume chamava de uma "paixão silenciosa" de clara utilidade econômica e social.

Pois bem, é assim que funcionam as coisas na economia financeirizada de hoje? É sustentada pelo motor de paixões tranquilas que se traduzem em utilidade geral ou por uma ganância que não é tanto propriedade dos indivíduos, mas sim como dinâmica dos sistemas? A ganância é uma força motriz da economia, mas também sabemos que pode ser um desejo ilimitado que encontra seu prazer não tanto na conquista, como na expectativa. O que estamos comprovando é que nos atuais mercados financeiros a ganância é cada vez menos capaz de exercer a função de utilidade que o liberalismo clássico lhe atribuiu e que desencadeou expectativas, estas sim convertidas na verdadeira pulsão econômica. Por que isso é assim?

Os mercados financeiros possibilitaram estimular continuamente as expectativas de lucros mais elevados e mais arriscados. Quanto maior a disposição para arriscar, maiores os retornos possíveis e menor o senso de responsabilidade. Isso é válido principalmente para empresas que atuam no setor financeiro, mas também acontece nos departamentos de investimento dos bancos, que desejam correr os mesmos riscos e obter os mesmos lucros. Os bancos mal conseguem impor limites sistêmicos aos mercados financeiros, de modo que não limitam o aumento dos lucros de títulos especulativos.

Na medida em que os bancos operam no mercado de crédito, no financiamento a empresas ou na administração de ativos privados, o que encontramos são atividades econômicas que, em sua dimensão objetiva, têm a ver com atividades econômicas, com objetivos e metas; em sua dimensão temporal, sua duração é longa e não depende de eventos ou decisões; em sua dimensão social, essas atividades econômicas estão ligadas a relações duradouras, que por sua vez são a base da estabilidade e da confiança.

Tudo é muito diferente quando o principal negócio dos bancos é especular nos mercados financeiros. Nesse caso, não há investimentos, mas apostas que não são identificadas com os objetos nos quais o investidor corre o risco e são pura autorreferência. O especulador não tenta evitar aqueles momentos de incerteza que todo investidor em seu próprio capital tenta excluir na medida do possível. E não o faz porque esses momentos de incerteza são precisamente o ponto de onde ele quer tirar vantagem com suas apostas econômicas; ele os vê como excitação que gostaria de repetir continuamente.

As coordenadas temporais dos mercados financeiros contribuem para o tumulto emocional que se segue da sequência rápida de expectativa e decepção, euforia e depressão, ganância e medo. O horizonte de tempo extremamente curto no qual os *brokers* e os gestores de fundos operam excita a expectativa de maiores ganhos em períodos cada vez mais breves.

Os ritmos dos mercados financeiros, de uma cadência extremamente curta, supõem uma desconfiança geral na capacidade de controlar o futuro, uma exploração excessiva do presente, uma economização das menores unidades de tempo e, finalmente, uma competição arruinadora em torno do "último momento", que dá a vantagem máxima para quem compete pelos maiores benefícios. A ganância das agências de investimento não é uma propriedade a ser predicada por pessoas, mas um princípio estrutural de sua maneira de agir. A ganância necessariamente acompanha um tipo de competição no qual prevalece o critério de não desperdiçar a oportunidade de obter um desempenho ainda melhor. Assim, alguns meses antes do início da crise, estávamos em uma situação semelhante à corrida em alta velocidade em direção a um muro no qual a última pessoa a parar venceria. Como ninguém está disposto a parar porque o corredor ao lado há de parar um pouco mais tarde, todos se chocam no muro. O risco de paixões nocivas se revela nesse mimético e estúpido voo coletivo para a frente.

Na crise financeira de 2008, a crença de que os riscos poderiam ser calculados, assegurados e vendidos a terceiros incitou a que se assumisse mais riscos. Ao mesmo tempo, várias instâncias contribuíram para a ilusão de que as coisas estavam sob controle: a matemática financeira considerava que os riscos eram calculáveis e a ciência econômica dominante, por meio da "teoria dos mercados eficientes", alegava ser capaz de demonstrar a plena racionalidade da formação dos preços nos mercados financeiros. A suposta proteção contra os riscos prometidos por essas instâncias e mecanismos institucionalizados nos mercados financeiros apresenta um potencial de adição que é característico de toda ganância.

Instalam-se procedimentos nos mercados financeiros e nos bancos, que agem exatamente de maneira oposta à neutralização das paixões prejudiciais buscadas pelo liberalismo clássico. Se o cálculo dos interesses econômicos é revelado como uma ilusão, não pode haver mediação entre paixão e razão nos mercados financeiros. A ganância não pode se tornar uma paixão tranquila enquanto o potencial de excitação da *fancy finance*, dos bancos de investimento e derivados não for reduzido, enquanto o trabalho do banqueiro não voltar a ser – como recomendava Paul Krugman – um assunto chato. O capitalismo não pode abandonar a avidez pelo lucro, que é tão antiga quanto o dinheiro, mas devemos ser capazes de reduzir a gratificação concedida à ganância nos mercados financeiros desse capitalismo emocional. A função do que chamamos de "governança financeira global" deveria ser um certo retorno às emoções tranquilas, muito esquecidas no atual turbilhão financeiro de paixões destrutivas.

13
Alguém em quem confiar

Será que os aposentados são analfabetos financeiros? Segundo o banqueiro Miguel Blesa, eles não deveriam ser, e o escândalo de preferências é um problema falso, pois tudo é resolvido em um relacionamento entre clientes maduros e banqueiros, que não são responsáveis pela ignorância alheia. Lembre-se de onde a questão surge: a comercialização massiva de ações preferenciais entre pequenos poupadores. As entidades bancárias ofereceram esse produto, apresentando-o como se fosse de renda fixa, quando de fato, não era. E sendo investidores inexperientes, acreditavam que se tratasse de um investimento seguro, como se fossem ações ou depósitos com garantia, quando muitas vezes eram mais como uma aposta.

O tempo e os tribunais dirão quem está certo, quem assumiu riscos excessivos e quem foi literalmente enganado. Para julgar uns e outros teríamos de saber sob quais condições as ações preferenciais foram concedidas, se essas pessoas detinham informações suficientes, se foram pressionadas a minimizar os riscos que assumiam ou se eram apenas investidores que desejavam lucros fáceis em uma época propícia a isso.

As declarações do banqueiro perante o juiz e, em geral, tudo o que se relaciona com as ações preferenciais colocam um problema ligado à maneira como os leigos e os especialistas se relacionam, provavelmente um dos dilemas mais importantes que devemos resolver na sociedade contemporânea. Essa é a complexidade de muitas das coisas em jogo – desde um carro a um produto financeiro –, que não há escolha a não ser confiar em alguém, que não nos exime de uma certa responsabilidade, mas não pode servir para justificar qualquer abuso. Muitas coisas decisivas que devemos regular com critérios de justiça dependem da maneira como articulamos complexidade, conhecimento especializado e confiança.

Estamos em um momento peculiar da evolução de nossas sociedades, porque muitas relações assimétricas coexistem com uma evolução que parece colocar todos nós em pé de igualdade; a sociedade se torna horizontal e aceitamos com dificuldade as relações que estabelecem uma hierarquia injustificada, mas também há mais especialistas do que nunca e dependemos deles mais do que normalmente supomos. Por um lado, todos nos consideramos competentes (julgando cozinheiros, criticando arquitetos, avaliando nossos professores, criticando políticos ou pontificando sobre futebol), mas nunca houve tanta necessidade de *coaching*, assessoria, consultoria ou livros de autoajuda. Quem tem mais capacidade para emitir um juízo: os hóspedes ou os hoteleiros, os estudantes ou os professores, os usuários ou os proprietários, os leitores ou os críticos literários?

Contar com especialistas expande nossas possibilidades, mas achamos especialmente desconfortável em um momento no qual as mediações parecem mais dispensáveis do que nunca. Como vamos resolver essa aparente contradição? Será que Blesa está certo e os preferencialistas são irresponsáveis, ou, ainda, existe uma distância entre aqueles que sabem e aqueles que confiam que isso joga a responsabilidade nos ombros dos especialistas? O cinismo do banqueiro é igualitário e a denúncia dos enganados pressupõe uma relação de dependência; o que Blesa disse parece mais de acordo com a capacidade de julgamento que reivindicamos para nós mesmos como cidadãos competentes, enquanto a indignação dos preferencialistas mostra que, tanto quanto avançamos em igualdade, sempre haverá diferenças em relação ao conhecimento de certas coisas e que essa diferença se salva com a confiança (que pode ser defraudada).

Penso que essa pergunta remeta a três descobertas: que a complexidade das realidades em que vivemos torna inevitável o recurso a especialistas, que os especialistas nos decepcionam continuamente e, apesar de tudo (de suas falhas e do aumento de nossas habilidades), continuaremos a precisar deles; portanto, devemos estabelecer com a maior precisão quais são as obrigações deles e quais são as nossas.

Em primeiro lugar, os especialistas são inevitáveis. O que vou dizer não é um trava-língua, embora pareça: saberíamos muito pouco se soubéssemos o que podemos verificar pessoalmente; dificilmente poderíamos decidir se decidíssemos somente quando estivéssemos pessoalmente seguros. Sem os especialistas sucumbiríamos à complexidade epistêmica do mundo. Os tomadores de decisão são cercados por comissões e relatórios; há até especialistas em questões de ética, as mais ligadas ao julgamento e à consciência pessoal, as menos delegáveis. Formou-se um mercado completo de cientistas, técnicos e especialistas, graças ao qual podemos nos informar sobre o que deve ser feito em um determinado momento. A consultoria de especialistas é uma maneira de reduzir o risco das más decisões. Os especialistas se caracterizam por uma atitude desinteressada, objetiva, pragmática e independente em relação à realidade, que é uma disposição muito necessária em um mundo de crescente complexidade. Se existem "governos técnicos", sociedades especializadas ou autoridades funcionais é precisamente porque há decisões que não estão ao alcance de todos.

Mas também é certo que os especialistas nos decepcionam muitas vezes e que devemos administrar com prudência a confiança que depositamos neles. Basta lembrar o fracasso das previsões da economia ou o mau funcionamento das agências de classificação por ocasião da crise econômica. Sem recorrer ao caso extremo das crises, a confiança nos especialistas só pode ser limitada se levarmos em conta a falta de unidade de seus julgamentos e previsões. Para cada tópico há especialistas que têm opiniões conflitantes e com interesses opostos; portanto, eles não devem ter um conhecimento tão incontestável ou uma atitude tão desinteressada. Frequentemente são tomadas decisões ideológicas com ares de objetividade e ocultas pela suposta imparcialidade dos especialistas e suas razões aparentemente neutras. O fato de que por trás dos cientistas haja não poucos interesses e tomadas de partido ideológicas significa que a posição dos cientistas ao lado dos centros de decisão se distingue cada vez menos do *lobby*. A ciência desempenha um papel essencial em nossas decisões coletivas, mas a ideia de que todas as decisões poderiam se apoiar em uma objetividade indiscutível revelou-se como uma ilusão. A ciência do século XXI é algo muito mais plural do que era no século XVIII.

Apesar dessa decepção e de nossa maior capacitação, continuaremos carecendo de especialistas. Ninguém nos exonera da dificuldade de gerenciar prudentemente a confiança e a suspeita. A ignorância torna os seres humanos inseguros, mas o saber especializado os torna receosos. Dependemos de especialistas, mas não gostamos dessa dependência. Há também todo um ressentimento contra os administradores do conhecimento especializado, que às vezes nada mais é do que uma desconfiança razoável daqueles que administram a objetividade, mas que pode se tornar uma autolimitação incômoda que nos impediria de acessar tecnologia, informação, comunicação, investimento; ou seja, tudo aquilo que precisamos confiar nos outros.

Voltemos à questão de princípio. O que é mais decisivo no assunto das ações preferenciais: a responsabilidade dos usuários ou a dos especialistas em finanças? Nessa relação que se estabelece entre ambos está implícito que a *obrigação de informar* corresponde ao *dever de se informar*. Enquanto clientes, a confiança e a delegação não deveriam desativar completamente nossos dispositivos críticos. Então, quando as questões em jogo excedem um certo nível de complexidade, a assimetria das habilidades cognitivas implica uma dimensão inevitável da confiança e, consequentemente, uma responsabilidade desigual. Existe uma diretiva europeia no mercado financeiro exigindo que os bancos submetam seus clientes a um exame antes de lhes vender produtos financeiros complexos. Sim, a tão insultada burocracia europeia entendeu melhor como evitar a quebra de confiança do que alguns banqueiros. Sempre haverá uma distância no conhecimento das coisas e, portanto, uma diferença de responsabilidade. Caso contrário, se os clientes são ou devem ser tão competentes quanto os provedores de serviços financeiros, como é que não cobramos o mesmo?

PARTE III
A POLÍTICA EM UMA ZONA DE SINALIZAÇÃO PRECÁRIA

O mundo está cheio de informações sobre como se comportar nele: mapas, indicações, referências, bússolas e outros sistemas cada vez mais sofisticados nos dizem onde estamos, para onde nos dirigimos e qual é a natureza dos elementos com os quais nos encontraremos em nosso deslocamento. As coisas ficam complicadas quando não se trata de espaços físicos, mas políticos, em que há uma dimensão de significado e interpretação menos evidente e implica juízos de valor; então, o que nos interessa são questões como saber em que consiste a legitimidade, se algo é democrático, quem tem autoridade para decidir o quê ou a quem atribuir determinadas responsabilidades. Entramos em um período histórico no qual todos esses problemas se tornaram especialmente controversos. A música *There is a War*, de Leonard Cohen, ansiava pelos tempos em que não havia espaço além de esquerda e direita, o que eu interpreto como o anseio por categorias políticas mais enfáticas que nos permitiriam saber sem margem de erro o que pensar e como agir. E esses tipos de orientação tornam-se mais úteis quando são binários; quando estabelecem um contraste claro que nos permite deduzir que nós não somos eles; que ou se é soberano ou não se pode fazer nada;

que a pessoa que não faz parte da elite pertence ao povo; que permite saber onde é preciso permanecer para estar certo; e a que é necessário se opor. Há algum tempo a política entrou em uma zona de sinalização insuficiente, como quando um motorista entra em uma rota desconhecida, em transformação ou em lugares nunca percorridos por ninguém. A partir desse momento os sinais binários confundem mais do que guiam; onde antes havia evidências, agora há um paradoxo; as áreas sem mapeamento aumentam; proliferam coisas que não são o que parecem; tudo está cheio de efeitos colaterais; e o mais razoável contraria nossas primeiras intenções. Perder-se nesses novos espaços é inevitável? Não, mas é preciso aprender a julgar as coisas sem categorizações enfáticas e abandonar certos confortos que nos impedem de entender as novidades da história.

14
Nós e eles

Em um filme de Pedro Almodóvar, uma mulher que acaba de ser abandonada pelo namorado marroquino assegura ter um problema "com o mundo árabe"; assim, de modo geral. Tenho a impressão de que algumas análises do terrorismo jihadista recorrem a esses tipos de generalizações e falam, sem mais nuanças, de "terror islâmico contra a civilização ocidental", como se *nós* fôssemos uma categoria compacta e *eles* fossem representados pelos terroristas. Não pretendo sugerir que não exista uma distinção radical entre terroristas e nós, mas sim que, por um lado, estamos cometendo o erro de nos entendermos de modo demasiadamente enfático e, por outro, dando a entender que uma comunidade inteira se expressa com o terrorismo.

Comecemos por nós mesmos. Quando ocorre um ataque, após o êxtase dos pedidos de condenação e a força unificadora do horror diante da barbárie, podemos nos colocar algumas questões que não são politicamente corretas em meio à indignação. Tomemos o exemplo da França depois dos ataques sofridos nos últimos anos. O *rassemblement* que tanto agrada aos franceses escondeu por alguns momentos que nem eram todos os que estavam, nem estavam todos os que eram. Ausências e presenças fraturaram notavelmente o desejo totalizador da convocação. Desde o início, deve-se mencionar a ausência dos líderes da Frente Nacional (sem avaliar aqui se a sua ausência se deveu mais ao um veto ou à autoexclusão). Também não podemos deixar de constatar que alguns líderes representaram países nos quais a liberdade de expressão e outros direitos com os quais a maioria dos manifestantes se identificavam não eram respeitados. Alguns eram Charlie e outros nem tanto... À medida que a manifestação se dissolve começam a se tornar evidentes maiores diferenças entre nós no que se refere a fazer diagnósticos ou melhorar nossa segurança.

Por outro lado, se analisarmos os tipos de discurso que estão sendo elaborados, qualquer pessoa pode verificar que ganha terreno uma certa reprovação interna, o que coloca em discussão a existência desse *nós*. Os lamentos se estendem ao multiculturalismo ou ao relativismo cultural que enfraqueceria a consciência de um nós ocidental e geraria falta de confiança e até certo desprezo por nós mesmos (Jean-Pierre Le Goff). Alguns incentivam a perda do complexo de falar abertamente sobre o islamismo e os muçulmanos, em comparação com o discurso politicamente correto que insiste em evitar esse "amálgama". Em alguns jornais conservadores da França já começa a ser ridicularizado o jargão e o trabalho dos assistentes sociais, questionando a eficácia de sua intervenção nos subúrbios. Nesse ritmo, toda a culpa será da Aliança das Civilizações, desqualificada como bonismo relativista.

Continuemos falando sobre o *eles*. Aqui os lugares-comuns têm versões diferentes. Há quem considere os muçulmanos inaceitáveis para a coexistência democrática e até inevitavelmente violentos. Os discursos mais moderados insistem que, sendo isso verdadeiro em princípio, haveria exceções. Ainda que de maneira pouco consciente, alguns falam deles como se jovens violentos fossem os porta-vozes da frustração de todos os muçulmanos, do que se poderia compreendê-los como uma comunidade compacta na qual todos compartilham interesses e objetivos.

Agora, se as coisas são examinadas mais de perto, não existe uma comunidade muçulmana desse tipo; ela muito menos é representada por jovens radicalizados que constituem uma ruptura com o Islã de seus pais e com a cultura das sociedades muçulmanas. De fato, costumava acontecer que os próprios pais avisavam à polícia que seus filhos haviam ido à Síria para combater. Os jihadistas inventam um Islã que se opõe ao Ocidente, eles vêm da periferia do mundo muçulmano (Europa sobretudo), movem-se dentro de uma cultura ocidental de comunicação e encenação da violência, e não estão inseridos em comunidades religiosas locais, mas alimentam sua radicalização nas redes sociais globais. O fato de que entre os mais radicais há uma alta proporção de convertidos (22% dos que se inscrevem como combatentes do Estado Islâmico, segundo a polícia francesa) mostra que se trata de uma faixa marginal de jovens, e não do núcleo da população muçulmana.

Apesar dos discursos catastróficos, os muçulmanos franceses são mais integrados do que parece, como alertou Olivier Roy. O fato de haver muçulmanos entre as vítimas deve querer dizer alguma coisa. Há mais muçulmanos no exército e na polícia na França do que na Al Qaeda. Apesar de Michel Houellebecq e seu romance sobre uma França islamizada, os muçulmanos não compartilham de qualquer aspiração política em bloco, não são um *lobby* e estão presentes em todos os partidos no espectro político francês. Geralmente é o Estado que os aborda como comunidade, enquanto a realidade é que eles passaram pelo processo típico de individualização, tão próprio do esquema republicano.

Quem são afinal esses jovens terroristas? A maioria deles tem um passado delinquente e encontrou na religião um relato apropriado para dar sentido ao seu desconforto, à falta de oportunidades e à exclusão social. O jovem jihadista recria uma identidade de uma versão mítica das sociedades muçulmanas, cuja língua muitas vezes não fala nem compartilha de seus usos e costumes.

Seria um fracasso do nosso modo de vida se acreditássemos mais no que eles dizem sobre si mesmos do que no que eles de fato são. E eles teriam atingido plenamente o seu objetivo se conseguissem se conceber como pensam: como uma comunidade fechada na qual todos se encaixam perfeitamente no estereótipo previsto. Isso implicaria que o Islã não tem nada a ver conosco. As vitórias ou as derrotas são resolvidas previamente nos modos de pensar.

15
O terrorismo e a guerra

O primeiro desafio que o terrorismo nos impõe tem a ver com a maneira como devemos pensá-lo. Esse tipo de conflito não é mais o que entendiam os grandes filósofos da Modernidade, do direito internacional ou da política clássica com o conceito de guerra. Quando era possível distinguir entre amigos e inimigos, o mundo ao menos estava em ordem. Havia até não combatentes, convenções e um certo Direito. Quem lê Hegel, por exemplo, pode encontrar páginas sobre a guerra humanizada tão memoráveis quanto estranhas atualmente. O terrorismo jihadista, por outro lado, escapa de qualquer regulamentação legal, sabota todas as distinções e transforma a inimizade em algo absoluto. O terrorismo desconstrói não apenas a distinção entre civis e militares, mas também a distinção entre vitória e derrota e até entre vencedor e perdedor. O terrorismo, que não conhece limites, também obscureceu algumas distinções características de nossa cultura: entre a barbárie para além das fronteiras e a civilização em seu interior; entre soldados e não combatentes; entre soldados e policiais, de um lado, e criminosos, de outro. Já não existem aqueles limites e fronteiras além dos quais alguém poderia ter certeza de encontrar um inimigo e aquém dos quais havia apenas amigos. E a distinção cuja perda mais nos causa perplexidade é a que diferencia paz e guerra, que agora é seguida por uma situação geral de ameaça indistinta. A teoria política concebeu três situações possíveis: paz, guerra e pós-guerra. Bem, é como se a ameaça do terrorismo tivesse eliminado a possibilidade dos dois primeiros e agora todos vivemos em uma situação de pós-guerra.

O 11 de Setembro inaugurou uma nova era do terrorismo, que também requer pensar e lutar de uma maneira diferente. Portanto, a primeira discussão foi sobre se estávamos enfrentando uma guerra ou um ato terrorista. Os simulacros de guerra tradicionais (Afeganistão, Iraque) foram realizados sem querer reconhecer que o inimigo está em uma frente interna e contra a qual é necessário lutar de outra maneira. Ao travar uma guerra convencional, George W. Bush e seus aliados se comportaram como alguém que enlouquece quando exposto a uma pergunta. Todas as reivindicações para identificar "estados terroristas" estão apenas tentando redirecionar, de maneira fútil, para categorias conhecidas um fenômeno que requer outra explicação. Os famosos "estados bandidos [*rogue states*] são, na melhor das hipóteses, pontos de apoio ao terrorismo, mas este ultrapassa seus territórios e fronteiras. A guerra difusa dissolveu completamente o princípio da frontalidade; já não se localiza em espaço e tempo específicos, mas pode ocorrer em qualquer lugar e a qualquer momento. Em todo caso, o confronto não é mais territorial. Não estamos mais naquele mundo mais simples, no qual o inimigo tinha um rosto e uma mensagem com a qual era possível negociar, a quem se podia declarar guerra formalmente e até mesmo sair derrotado.

O futuro imediato não nos permitirá ficar seguros diante dos esquemas tradicionais que ajudaram a combater a confusão. Testemunharemos conflitos sem fardas, com explosões dispersas, métodos sinistros de destruição sem sinais prévios, com estratégias projetadas para produzir mais medo do que baixas. A violência difusa é uma expressão dessa incompatibilidade, como se estivéssemos no ponto de atrito entre duas grandes placas tectônicas da história. Enquanto isso, ainda há todo um trabalho a ser feito, que requer menos emoção e mais inteligência; é necessário configurar um novo cenário multilateral, criar segurança sem limites territoriais ou enfrentar problemas e conflitos que não podem ser considerados estranhos em um mundo no qual não há mais assuntos exteriores, mas apenas políticas internas.

16
A nossa e a sua responsabilidade

A esta altura não sei como será o desenrolar dos eventos que contemplamos, como acabarão os principais conflitos do mundo, em que resultará a crise econômica, mas algo está claro: a culpa será dos outros. Aconteça o que acontecer, repetiremos algo semelhante ao que afirmava aquele personagem do *Torquato Tasso*, de Goethe, a quem devemos uma formulação que provavelmente é o paradigma de todas as desculpas: "Do que um é são os outros que têm a culpa". Essa convicção não explica nada, mas é muito aliviadora; serve para confirmar o que é nosso contra os outros, descreve as tensões entre o global e o local, opõe confortavelmente os estados aos mercados, divide o mundo em heróis e vilões, fornece um código elementar para as relações entre esquerda e direita. Como se pode comprovar, trata-se de operações que reconfortam bastante e oferecem uma simplificação muito aliviadora quando o mundo se torna difícil de entender devido à sua crescente complexidade.

No caso da crise europeia, alguns dirão que a culpa está na hegemonia alemã e na dureza dos credores. Não lhes falta razão; embora se amplifiquem, essas culpas correm o risco de fazer esquecer a irresponsabilidade encadeada dos vários governos gregos que falsificaram suas contas públicas (com a ajuda, a propósito, de alguns que agora fazem parte do lado dos credores), eles não cumpriram muitos de seus compromissos e omitiram as reformas de um Estado que, mesmo antes da crise, era economicamente insustentável.

Outros atribuirão a crise à irresponsabilidade tópica dos países do Sul, como se não tivessem consciência dos resultados desastrosos dos planos de resgate anteriores, bem como dos benefícios econômicos que a moeda única gerou para os países do norte da Europa. Além disso, não é inteiramente lógico que, se um Estado-membro tiver de ser assistido porque foi assaltado por especulações de mercado sob uma constelação pela qual não é o único responsável, esse resgate deve ser compensado apenas com reformas estruturais drásticas nesse Estado-membro. Há muitas coisas que precisam ser reformadas nos países do sul da Europa, é claro; mas também em um desenho incorreto do Euro e sua governança defeituosa.

Estamos diante do caso típico de responsabilidade recursiva, em que todas as censuras têm *alguma razão*, mas nenhuma delas tem *toda a razão*. O ruim é que, entre tantas acusações, uma e outra encontram muitas desculpas para deixar de se perguntar sobre sua própria inaptidão, os riscos que geram com suas decisões ou sua responsabilidade em relação ao comum. À medida que a imputação aos outros cresce, a reflexão sobre si diminui; quando todo o campo é ocupado por explicações que culpabilizam os outros não há espaço para questionamentos sobre as próprias responsabilidades.

Não sairemos desses gargalos até que possamos inserir reflexivamente nossas decisões no conjunto em que são adotadas e influenciadas, às vezes catastroficamente. Governar é precisamente facilitar que cada um dos atores envolvidos em um processo descubra as possibilidades desastrosas que poderiam ocorrer se ele perseguisse apenas seus próprios interesses, e convidá-lo a se proteger contra elas com algum tipo de autolimitação. Em última análise, é uma questão de todos perceberem que precisam temer mais a si mesmos, seu comportamento irrefletido: que uma sociedade não seja ameaçada tanto por armas nucleares em poder do inimigo quanto por suas próprias centrais nucleares; pelas armas biológicas do inimigo quanto por certas experiências de seu próprio sistema científico; pela invasão de soldados estrangeiros quanto pelo crime organizado dentro do próprio país e pela demanda de seus viciados em drogas; pela fome e morte causadas pela guerra quanto pela invalidez e pela morte causadas por acidentes de trânsito dentro de seu território. Que aquilo que mais impede as sociedades plurais de decidir livremente seu destino não é tanto um obstáculo externo – ou não apenas isso – quanto a própria falta de consenso dentro de seus próprios limites.

Como alertou Ulrich Beck, as sociedades contemporâneas não podem atribuir tudo o que as ameaça a causas externas; elas mesmas produzem o que não desejam. A questão da responsabilidade é frequentemente omitida quando se está no meio de sistemas nos quais não existem relações claras e indiscutíveis de causa-efeito, ou decisões sem efeitos secundários ou colaterais. Temos de abandonar a inocência confortável de conceber a responsabilidade como algo que sempre pertence aos outros. Essa inversão reflexiva do olhar para as próprias condições é muito semelhante à maturação pessoal, que consiste em substituir a culpabilização para fora pela reflexão para dentro. Da mesma maneira que as crianças aprendem a não interpretar seus conflitos como uma conspiração do mundo inteiro contra elas, democracias complexas devem ser capazes de descobrir como elas próprias produzem suas próprias catástrofes.

17
O que fazemos com as nações?

Se alguém fizer uma descrição de qualquer problema e o primeiro resultado for um campo binário, polarizado e sem espaço para posições matizadas ou intermediárias, esteja certo de que o diagnóstico não foi bem feito. Se, além disso, acontece que nessa descrição, supostamente objetiva, alguns estão absolutamente certos e outros estão no canto dos loucos ou dos estúpidos, então alguém precisa fazer com que se olhe para isso. Ser acadêmicos nos leva a estar mais interessados na verdade do que em estar certos; é preferível se ajustar às coisas em vez de exigir que elas confirmem nossos preconceitos. Isso não impede de ter posição própria e defendê-la por princípio; o ruim é aferrar-se a ela do início ao fim, privando-se dessa experiência – ao mesmo tempo desconfortável e fascinante – de ter que matizar, corrigir e até abandonar sua posição inicial.

Os conflitos se tornam insolúveis quando caem nas mãos daqueles que os definem de maneira tosca e simplificada; a partir do momento em que os problemas políticos são reduzidos a questões de legalidade ou ordem pública; quando aparece uma ideia de legalidade que convida os juízes a se encarregarem do assunto; quando um "nós" enfrenta um "eles", a quem qualquer indício de pluralidade e todas as nuanças de pertencimento foram eliminadas... a partir de então tudo se perde até recuperarmos uma descrição do problema que o aceite em toda a sua complexidade.

Quando há relutância em reconhecer a complexidade de determinado assunto ou da sociedade a ser administrada, sempre me lembro da anedota inglesa na qual alguém perguntou como chegar à Biddicombe e a pessoa questionada respondeu: "Se eu fosse você, não sairia daqui".

Pode ser por causa da minha profissão de filósofo, que me inclina a complicar as coisas, mas sempre desconfiei de quem coloca os problemas e, acima de tudo, as soluções com excessiva simplicidade, porque geralmente acaba supondo má-fé naqueles que ainda não os veem com clareza. Não tenho uma solução para o problema territorial do Estado espanhol e seria arrogante fingir que haja uma descrição verdadeira do que está acontecendo. Mas ouso criticar que as descrições dominantes são tão simplistas, que não devemos nos surpreender que tudo permaneça estagnado. Os termos do problema são, ou não, o começo da solução. Há algum tempo, o que me chamou a atenção foi justamente a inocência com a qual se apela a valores como "democracia", "estabilidade" e "legalidade", surpreendendo que nem todo mundo se ponha imediatamente de joelhos diante de sua evidência e disposto a executar as ordens que emanam de princípios tidos como inquestionáveis.

Reconheçamo-lo como inevitável ponto de partida: o dilema das nações é real e não tem uma solução lógica, mas pragmática – ou seja, uma síntese acordada em promover a coexistência –, porque a alternativa seria a imposição de uns sobre outros, o conflito aberto em suas diversas formas.

O nó górdio é que não há nação sem se assumir algo que, em princípio, não esteja sujeito a discussão, como um marco de referência ou sujeito da soberania. O povo não pode decidir até que alguém determine quem é o povo. De fato, qualquer sistema democrático é incapaz de resolver democraticamente a questão de quem decide o quê e sempre remete a uma estrutura anterior de soberania. Como disse o cientista político Robert Dahl, "os critérios do processo democrático pressupõem que o sujeito seja o correto". Como resolvemos o dilema de quando o sujeito é interditado nos casos em que existe um questionamento persistente da soberania porque alguns entendem que o seu titular somos todos nós e outros julgam ser a parte a que consideram como todos? Não há outra solução senão pensar o *demos* como uma realidade reflexiva, discutível, passível de revisão e aberta. Portanto, deve haver procedimentos para renovar ou modificar o pacto que constitui nossa coexistência política. Nosso gargalo vem do fato de considerarmos as identidades políticas como dados irrefutáveis, e nem todos os veem dessa maneira; muitos espanhóis não consideram legítimo que os catalães decidam sem levar em conta sua opinião, e muitos catalães discordam do fato de que seu futuro seja decidido assumindo que eles são uma porção dos espanhóis; algo que, de fato, os impediria da mera possibilidade de deixar um sistema de decisão no qual sempre seriam minoria.

Depois de pensar sobre o assunto muitas vezes, cheguei à conclusão de que esse dilema não tem solução lógica ou legal, isso seria impor uma estrutura de legitimidade como se fosse uma evidência inquestionável: que essas decisões devam ser tomadas por todos os espanhóis ou apenas pelos catalães; ambas as propostas são questionáveis e dão como certa a estrutura a partir da qual uma única solução já é predeterminada.

Quando as coisas são assim, se descontarmos a imposição de uns sobre os outros como uma verdadeira solução, a única solução democrática é o pacto. Mas se aceitarmos essa possibilidade, deixamos o esquema que tem sido dominante nos últimos anos e que aspirava à vitória de um sobre o outro. Ao insistir no acordo frente à vitória, alteramos radicalmente o campo de batalha. Porque então o eixo do confronto não é mais o de alguns nacionalistas contra outros, mas o de quem quer soluções acordadas antes de quem prefere a imposição. Mudemos a orientação e modificaremos os termos do problema: agora seria uma questão de escolher não entre uma nação ou outra, mas entre o encontro e o confronto, temas com apoiadores de ambos os lados.

Vejamos as coisas dessa perspectiva e não veremos pessoas polarizadas em torno de suas identificações, mas preocupadas em como tornar possível a convivência entre aqueles que também não querem renunciar às diferenças que as constituem. Os que governam com essa visão da realidade social não são blocos homogêneos, mas homens e mulheres com identificações tão peculiares que não podem ser reduzidos a categorias simplificadoras. O matiz nunca foi tão libertador, e nunca o perdemos tanto; se houvesse um lado dos matizes (dos partidários de levar em conta as razões daqueles que estão mais distantes de suas posições, compostos pelos que não se sentem arrebatados em momentos de exaltação coletiva, na qual estão aqueles que tremem ao ver que a discrepância é desprezada como traição) teríamos uma maioria absoluta.

Ao escrever isto desconheço o curso que os eventos seguirão a curto prazo na Catalunha, mas tenho certeza de que, aconteça o que acontecer, o problema subjacente continuará lá, esperando que alguém o encare em toda a sua complexidade. Em maior ou menor grau, todas as nações são uma realidade persistente. Tão absurdo é o esforço para ignorá-las, como jogar com uma pequena coexistência majoritária ou com simples imposição. Quando diferentes sentimentos de identificação nacional coexistem no mesmo espaço, o problema que temos não é quem finalmente conquistará a maioria, mas de como garantir a coexistência, para a qual o critério da maioria é de pouca utilidade. E essas coisas só podem ser alcançadas de uma maneira acordada, por mais improvável que o acordo possa nos parecer neste momento.

Por sua própria natureza, as nações não são inegociáveis; o que pode fazê-las se tornarem algo intratável são certas maneiras de senti-las e de defendê-las. Porque o fato de que se trate de algo com um forte conteúdo emocional não nos impede de lhes dispensarmos um tratamento razoável. Sou a favor da ideia de que na solução futura haja canal para a eventual secessão; mas creio que, dada a configuração persistente das identificações nacionais na Catalunha, que é muito semelhante a um empate, seria preferível concordar com algo que poderia levar a uma maior adesão. Neste momento, costumam aparecer mais aqueles que afirmam que isso não é possível, embora não ofereçam nada que goze de maiores condições de possibilidade. São os que preferem a vitória e até a derrota, sempre melhores do que um acordo que, por definição, nunca deixa ninguém plenamente satisfeito.

Não é verdade que o diálogo, o pacto e a negociação em torno de nossas identidades e senso de pertença sejam impossíveis. Não estou me referindo ao ser, mas ao estar, de acordo sobre como distribuir o poder, sobre qual fórmula de convivência seria a mais apropriada, sobre quais níveis de competência atenderiam melhor aos interesses públicos, sobre como canalizar a vontade da maioria sem prejudicar os direitos das minorias... Isso de que "a soberania nacional não é contestada" é um erro com o qual concorda suspeitamente a mais radical de todas as nações.

Quem disse que as soberanias não podem ser compartilhadas? Soberanias exclusivas são mais a exceção do que a regra no mundo de hoje, no qual há cada vez mais cidadania múltipla por várias razões. A história recente e, de uma maneira muito especial, o ambiente europeu são uma negação de soberanias indivisíveis. Alguém pode objetar que alguns têm o 155, o Tribunal Constitucional e o artigo 2 da constituição*, enquanto outros não. E é verdade. Embora a posse desses instrumentos de soberania do Estado permita vencer certas batalhas, ela também tem seus limites. O verdadeiro detentor da soberania é o povo, e a legalidade sem legitimidade sempre tem um caminho curto. Nada pode ser feito contra a sociedade, e esse é exatamente o problema: a persistência de uma identidade plural (na Espanha e na Catalunha), de modo que nenhuma imposição seja capaz de alcançar uma coexistência normalizada.

Será necessário exercitar-se após tanto tempo de discórdia, e eu gostaria de propor alguns exercícios recíprocos que podem ser organizados para o encontro. A reciprocidade elementar se formula nesse princípio de não querer para o outro o que não se quer para si mesmo. É um princípio que pode ser traduzido politicamente de várias maneiras. Por exemplo, uma versão que coloca a questão na perspectiva das minorias: eu não suportaria viver em um Estado imposto pelas mesmas razões que eu ficaria do lado daqueles a quem é imposta uma nação. Podemos abordá-lo do ponto de vista do pluralismo, que se tornou um valor arrojado que serve para desafiar o que os outros propõem enquanto alguém não se importa em aplicá-lo a si mesmo. Poderíamos formular esse exercício do pluralismo recíproco da seguinte maneira: temos legitimidade para exigir respeito pela pluralidade

---

* O art. 155 da Constituição Espanhola versa sobre a possibilidade de intervenção do governo no caso de uma comunidade autônoma não cumprir com as obrigações impostas pela Constituição ou outras leis, ou agir de forma a prejudicar gravemente o interesse geral da Espanha. Já o art. 2 reza que a Constituição se baseia na unidade indissolúvel da nação espanhola, reconhecendo e garantindo o direito à autonomia das nacionalidades e regiões que a compõem e a solidariedade entre elas [N.T.].

quando e na mesma medida em que a respeitamos internamente. Ou, do ponto de vista do reconhecimento: uma nação tem o direito de exigir do Estado do qual faz parte o mesmo reconhecimento que obteve de sua própria nação, nem mais nem menos. Existe aqui um campo inteiro que valeria a pena explorar e permitiria reformular direitos e deveres de maneira construtiva, como autolimitações mútuas; o estilo de entendimento de que o direito de decidir é acompanhado pelo dever de concordar; pelo binômio de não impor/não impedir que um Estado se comprometa a tornar possível tudo o que foi previamente acordado; e uma nação não reivindique nada além do que alcançou em seu seio.

Josep Colomer propunha um referendo na Catalunha que perguntasse se os seus cidadãos queriam fazer parte de um Estado espanhol que reconhecesse o direito de autodeterminação dos catalães; um referendo no qual ganhariam uns e outros. Como este é um exercício de imaginação política, também tenho meu próprio experimento mental. Eu proporia a realização de um referendo em toda a Espanha perguntando sobre o direito de autodeterminação dos catalães. Uma questão desse tipo dá uma parte de razão a todos: aceita-se que todos os espanhóis possam decidir sobre a Catalunha, mas rompe-se o dogma de que a soberania espanhola é inquestionável. Aqui também todos ganhariam. Evidentemente, são propostas que não têm a menor viabilidade, mas que nos permitem mostrar que estamos diante de uma pergunta que exigirá soluções tão imaginativas quanto dolorosas para todos, nas quais ninguém sairá propriamente como vencedor... a menos que desejemos voltar ao ponto de partida.

E se a melhor solução não fosse votar, ir às urnas, mas nem precisar disso?

Sempre achei conveniente concordar quando se trata das condições que afetam questões básicas de nossa convivência política – em que confiar tudo à lei da maioria equivaleria a uma forma de imposição – e quando o número daqueles que defendem uma e outra posição não é nem esmagador nem insignificante. Nesses casos, contentar-se com uma vitória quando poderíamos ter um pacto mostra pouquíssima ambição política. Nesse ponto, o princípio republicano me parece muito mais proveitoso do que a democracia, em vez de um procedimento para a maioria decidir, trata-se de um sistema político para impedir que apenas a maioria decida sobre algumas questões centrais, o que implicaria o domínio de uns sobre os outros.

Como isso poderia ser feito? A chave foi dada, de forma negativa e talvez involuntária, por um deputado da Candidatura à Unidade Popular (CUP) em uma ocasião na qual um leve acordo parecia surgir em torno de uma convocação eleitoral. Dizia: a vontade claramente expressa na rua foi sequestrada nos escritórios. É exatamente disso que se trata: os representantes políticos, sem exposição permanente ao público, realizam o trabalho de negociação para dar forma política a uma vontade expressa de maneira pouco clara nas ruas. A função dos políticos seria ler corretamente essa vontade e traduzi-la em um acordo que pudesse ser amplamente apoiado pelos cidadãos. Até que ponto é democrático esse acordo não depende da autoconfiança com a qual se exibem as reivindicações, mas da quantidade de vontades que ele conseguiu integrar. A formulação positiva foi feita por José Andrés Torres Mora quando defendeu que, depois de ter feito todo o possível, o razoável, na hora de construir o marco de convivência em uma sociedade plural, não seria concordar com uma votação, mas votar um acordo.

18
A casta e as pessoas

Em tempos de incerteza, estabelecer alguma distinção nítida oferece vantagens mais psicológicas do que políticas. É reconfortante a ideia de que se está do lado bom da história e, sobretudo, ter alguém em quem descarregar toda a raiva (embora a designação do destinatário não esteja totalmente correta e nós tenhamos algumas reprovações a fazer). Essa função de antagonismo consolador é exercida por contraposições do tipo a casta e as pessoas, o sistema e o povo, a trama e os inocentes, o *establishment* e a periferia, os perdedores e os que ganham com a crise, os aparatos e as bases. Cada uma dessas contraposições contribui com uma nuança para a descrição do combate. Todas têm suas boas razões, mas também um elemento de fragilidade e de paradoxo; podendo, inclusive, representar algum perigo para a democracia na qual dizem querer se aprofundar.

Para apaziguar esse temor há quem tenha começado a introduzir outra contraposição entre bons e maus populismos (o qual suscita o paradoxo de que já não estaríamos diante de uma distinção tão categórica, mas de um curioso *ménage à trois* que deveria nos forçar a fazer descrições mais sutis do que aquelas que obviamente uma campanha eleitoral dificilmente permite). Além dos maus *per se*, haveria populismos bons. Não faltaram analistas ou membros da nova esquerda populista que reintroduziram a categoria supostamente periclitada da direita e da esquerda. Onde fomos parar? Teria sido superada a distinção entre esquerda e direita, ou nós a mantemos à disposição para usar quando fosse conveniente, como faziam outros com o "uso alternativo do Direito"?

Em alguns países, como Portugal, Espanha e Itália, haveria um populismo democrático e progressista, enquanto que em outros, como França, Alemanha e Países Baixos, o populismo se tornou um movimento reacionário. Se alguém se lembra das coincidências entre um e outro tipo, isso faria com que os citados levassem todas as suas boas intenções para dar uma voltinha, mas o problema persiste quando termina a matilha digital. Pensemos no caso das últimas eleições presidenciais francesas. Não só entre os eleitores de cada candidato, aqueles que tinham Marine Le Pen como segunda melhor opção eram aqueles que supostamente se pareciam menos com ele, os de Jean-Luc Mélenchon; nem me refiro às óbvias coincidências programáticas (saída da União Europeia, posicionamento geoestratégico, políticas sociais, soberania nacional), mas às semelhanças na lógica política: ambos compartilham uma descrição antagônica do espaço político; para ambos está muito claro quem são e quem não são as pessoas. E isso me preocuparia, mesmo que eu estivesse inequivocamente do lado dos bons.

Chantal Mouffe veio em apoio a Jean-Luc Mélenchon durante a campanha eleitoral ao introduzir essa distinção entre populismo radicalmente democrático e populismo autoritário em um artigo no *Le Monde*. Tive a oportunidade de discutir essa distinção com Mouffe em várias ocasiões, porque me parece que ele não é sensível ao seu potencial antipluralista, como apontado, entre outros, por Pierre Rosanvallon em seu magnífico livro *Le peuple introuvable*, Gérard Grunberg ou, mais amplamente, Bernard Manin em seus estudos sobre democracia representativa. Essa estratégia é um potencial instrumento de exclusão. Os que a usam são continuamente tentados a confundir o adversário político com um inimigo do povo. Quem dispõe da arma privilegiada que identifica com precisão o "popular" gerencia ao mesmo tempo a legitimidade. Na medida em que ele declara aqueles que não compartilham uma certa posição política como adversários do povo é muito fácil para ele acabar pensando que os dissidentes não pertencem à comunidade política.

Por outro lado, o pluralismo (que poderíamos chamar de liberal, republicano ou social-democrata) insiste em manter a distinção categórica entre desacordo político e a não pertença à comunidade. É um princípio democrático fundamental que quem discorda continue fazendo parte dos nossos e tenha os mesmos direitos de fazer ouvir suas vozes como se fizessem parte da maioria. Há momentos de decisão em que minorias e maiorias são reconfiguradas, mandatos que não procedem do povo soberano, mas da modesta contagem de votos que determina quem comanda e quem deve obedecer por um tempo, não quem faz parte ou não do povo. O importante é entender que essa minoria é excluída das funções do governo, mas não de pertencer à comunidade, ao povo. Essa posição (ter perdido, mas sem deixar de fazer parte da comunidade) se traduz na possibilidade sempre aberta de, sob certas condições, revisar e até revogar as decisões tomadas, que é acompanhada pelo direito da minoria de lutar para deixar de sê-lo e, em algum momento, se tornar uma maioria. Para que essa seja uma possibilidade real as minorias de hoje devem ter os meios de supervisão, controle e crítica; mas, acima de tudo, o direito de não serem tidas como inimigos externos ou adversários do povo.

Este é o núcleo do debate que me interessa, do que é verdadeiramente preocupante, para além das escaramuças eleitorais momentâneas. Os populistas de esquerda reiteram suas convicções pluralistas e devemos aceitar a sinceridade de suas convicções, algo perfeitamente compatível com o manejo de conceitos e práticas que as contradizem. O pluralismo é muito exigente, e nenhuma maioria triunfante gosta de ter dificuldades. Conhecedores dessa tendência, deveríamos nos abster das formas de argumentar e mobilizar que podem afetar os direitos daqueles que não pensam como nós.

Da mesma forma que certo elitismo expulsa sistematicamente do "nós" que comanda aqueles que considera ignorantes, ou que o populismo de direita tem um conceito do "nós" nacional que exclui quase todos aqueles de fora (e boa parte daqueles de dentro), o populismo de esquerda tem à sua disposição, com os termos que põe em circulação (casta, sistema, trama, elites...), poderosos instrumentos de exclusão de massa. E não estou falando de intenções, mas de conceitos.

Estreitamente ligados ao problema da exclusão, que carrega consigo um antagonismo assim entendido, estão os derivados de sua simplicidade: sua tendência a ritualizar e gesticular a oposição; sua preferência por itens da agenda política nos quais as diferenças são mais marcantes em oposição a outros com menor desacordo; sua propensão a se deixar cativar por uma certa magia de palavras, geralmente associada a uma excessiva confiança no poder de encenação; sua predileção por definições marcadas frente ao detrimento das nuanças.

Considerando essa simplicidade conceitual e, sobretudo, a desconfiança produzida interna e externamente, não é de se estranhar que também haja enormes dificuldades em fazer acordos com os outros. Como explicas aos teus que concordaste em algo com aqueles que não pertencem ao povo e que, contudo, necessitas para mudar as coisas, embora não na medida do que gostarias? Por isso era lógico que Mélenchon não pediria voto para Emmanuel Macron; a operação de representar o verdadeiro povo seria estragada por argumentos de utilidade ou de mal menor. Portanto, é melhor encenar uma moção de censura do que concordar com ela. É o paradoxo daqueles que querem se encarregar do todo: ou o alcançam por meio de procedimentos violentos (o que não parece ser o caso) ou se retiram para o canto da minoria escolhida mas improdutiva, que mantém as essências intactas mas nada mudou a realidade que tanto a indignava.

19
Contra o antipopulismo

Os conservadores ignoram facilmente as assimetrias do poder constituído e têm muito medo das possibilidades abertas por qualquer processo constituinte, de qualquer intervenção aberta do povo; daí seu baixo entusiasmo por reformas constitucionais, movimentos sociais, plebiscitos ou participação em geral. A esquerda populista, pelo contrário, está acostumada a supervalorizar essas possibilidades e ignorar seus limites e riscos. Alguns consideram essas alternativas impossíveis e outros as veem como evidentes. Para o primeiro grupo, qualquer coisa que se mova é um transbordamento; para o último, a espontaneidade popular é necessariamente boa.

Este é o marco de discussão em que se coloca a crítica de Íñigo Errejón ao recente livro de José María Lassalle contra o populismo (Babelia, 9 de setembro; resposta, 15 de setembro de 2017), que representa, a propósito, as versões mais liberais e mais bem-fundamentadas de suas respectivas famílias políticas. Como costuma acontecer nesses casos, após um feroz debate, há mais coisas em comum do que parece; entre outras, uma divisão muito binária e antagônica do campo político (estabilidade contra desordem ou os de cima contra os de baixo), como se não houvesse outras possibilidades de colocar os termos da discussão. Ambos adoram o antagonismo no qual se assentam confortavelmente com o combate político que melhor lhes convém. É isso que explica, por exemplo, a curiosa "afeição antagônica" que professam o Partido Popular e o Podemos [espanhol], enquanto deixam de fora todos os demais. O antipopulismo se converteu no instrumento de legitimação para os conservadores da mesma maneira que os populistas se entendem como o verdadeiro antídoto ao elitismo conservador.

Pois bem, houve algo de bom no populismo: questionar os discursos estabelecidos, as estruturas hegemônicas que forçaram o enquadramento em categorias muito rígidas. Espero que me seja permitido questionar essa nova divisão do território ideológico entre tecnocratas e populistas, na qual ambos operam com excessivo conforto. Logo de início: Por que a necessidade de haver estruturas hegemônicas? Por que essas estruturas necessariamente precisam assumir a forma de um antagonismo e justamente *esse* antagonismo? Não é certo que a configuração de um debate baseado na lógica antagônica tem uma continuidade exasperante com as trincheiras ideológicas clássicas que tanto nos desgarram e tão pouco nos permitem enfrentar os problemas sociais que exigiriam, por exemplo, um marco de jogo menos competitivo? A pior coisa do debate público que sofremos é: quem critica algo é imediatamente reagrupado entre os sinistros defensores do contrário; quem levanta objeções à ordem estabelecida é necessariamente um semeador de divisões; quem desconfia do populismo se levanta um defensor das piores elites... Não é possível expressar insatisfação em relação a como se colocam os termos do debate sem se tornar um inimigo ou, pior, um equidistante.

Os conservadores estão certos quando criticam aqueles que parecem considerar a democracia como uma sucessão de *big bangs* constituintes, mas resulta exasperante a sua obsessão pela estabilidade que, por um lado, é muito prejudicial para aqueles que se encontram em situações de desvantagem ou injustiça, mas que, além disso, paradoxalmente se revelou como a maior fonte de instabilidade. A sociedade democrática é um espaço aberto no qual se colocam muitos desafios que pretendem ao menos revisar se o modo pelo qual a política foi institucionalizada continua fazendo sentido ou se gerou algum tipo de desvantagem injustificável. Aqueles que zelam diligentemente pela ordem estabelecida aproveitam esse momento para argumentar que qualquer modificação deve ser realizada pelos canais legais estabelecidos, mas eles não dão resposta alguma à pergunta sobre o que fazer quando essa estrutura predeterminar o resultado. A legalidade é um valor político quando inclui procedimentos abertos de reforma de resultados; caso contrário, apelar a ela é puro "vantagismo".

Os populistas têm uma visão excessivamente negativa da política institucional e um excesso de confiança de que nada de ruim pode sair dos momentos constituintes. É verdade que sem o abalo da turbulência popular nossas democracias se coisificariam e que as elites têm a tentação muito forte de evitar um reexame das regras do jogo. Mas o populismo tem pouquíssima sensibilidade às assimetrias que ocorrem em todo momento constituinte (quando participam com intensidade os mais ativos, aqueles com mais capacidade de pressionar, os mais radicalizados...). Ao mesmo tempo, na produção ideológica do populismo não há instrumentos conceituais para dissipar a suspeita de que a futura maioria triunfante incluirá as minorias perdedoras entre os que fazem parte do povo. E não estou falando de intenções, mas de conceitos e cultura política. Quem nos garante que as novas elites se comportarão com uma lógica menos excludente do que as anteriores, sobretudo a partir do momento em que se justificam pelo apelo épico à soberania popular e não pela prosaica defesa da ordem e da estabilidade? Enquanto essa desconfiança não se resolver, o populismo permanecerá pouco atraente para os setores da esquerda que têm uma sensibilidade liberal ou republicana.

No final, é a igualdade democrática o que deveria nos preocupar. A relação instável entre o poder constituído e o poder constituinte e entre as razões da ordem estabilizadora e as da desordem criativa devem ser entendidas como um campo de tensão cujo objetivo final é corrigir as desigualdades manifestas que contradizem o princípio democrático de que todos temos a mesma capacidade de influenciar na configuração da vontade política. Assim entendida, a função das instituições políticas é garantir essa igualdade, impedindo a objetificação das elites ou corrigindo as assimetrias injustas que geralmente são geradas em momentos de espontaneidade popular. Os conservadores não podem garantir essa igualdade enquanto não permitirem procedimentos para verificá-la, alguns dos quais lhes parecerão "subversivos"; os populistas praticam um elitismo invertido, e onde os conservadores sustentam a inocência de especialistas, eles defendem a infalibilidade do povo. Somente quem entendeu que as instituições democráticas têm sua justificativa na igualdade e não na mera ordem ou na mera mudança poderá pensar na democracia fora da estrutura mental que querem nos impor.

20
Soberania segundo Theresa May

Em tempos de incerteza, é muito forte a tentação de retornar ao terreno familiar, embora saibamos que isso não é mais possível. Após certos espasmos políticos, não há nada além da nostalgia de recuperar o que já não é recuperável: soberania reconhecida, autoridades indiscutíveis, territórios delimitados, homogeneidade social e até inimigos identificados.

O Brexit é um desses fenômenos em que o medo do desconhecido se traduz em torpeza e desencadeia uma série de operações políticas de coerência duvidosa. A ideia de "recuperar o poder para os britânicos" não tardará a se desapontar com a realidade em pelo menos dois aspectos que destacam sua natureza paradoxal, tanto em termos do fim perseguido quanto do procedimento: a ideia de sair rumo a um espaço de soberania e fazê-lo de maneira direta e plebiscitária, sem as mediações da democracia representativa.

Comecemos examinando a pretensão de abandonar um espaço de interdependências para recuperar a soberania fora dele. O primeiro paradoxo britânico é que não será possível estar completamente fora e que a nova situação terá menos vantagens do que prometiam com a saída e mais inconvenientes do que em relação à sua permanência. Na era do entrelaçamento universal, do que chamamos de interdependência, uma nova topografia política está se construindo com lógicas que precisam ser entendidas e gerenciadas. Ninguém fica totalmente fora ou, pelo menos, essa separação não devolve a soberania nem fornece imunidade contra todo contágio. Fora da União Europeia pode haver mais soberania, mas não se está mais protegido dos múltiplos condicionamentos da globalização. É por isso que se pode dizer que é melhor estar dentro da União Europeia e exercer alguma influência do que estar fora e continuar sob sua influência (Damian Chalmers). Não ser membro tem algumas vantagens, mas também desvantagens decorrentes de não poder intervir nos processos decisórios. Na Europa, a dependência mútua atinge níveis tão elevados, que alguns foram capazes de considerar o seguinte: mesmo que um Estado deixe a União Europeia (como foi o caso do Brexit), grande parte das regras e regulamentos europeus não deixaria de afetá-lo (como também acontece com muitos outros países que assinaram acordos comerciais e legislação cuja origem é europeia) nem abandonaria a obrigação de continuar colaborando com o resto dos membros.

Na operação para deixar o espaço da União Europeia já existe um conflito entre duas temporalidades muito diferentes: muitos dos cidadãos que votaram pelo Brexit queriam que isso acontecesse sem demora e não serão capazes de compreender que isso requeira tanto tempo. Ao mesmo tempo, o mundo econômico pressionou para adiar o início das negociações e para que os acordos tornassem a transição o mais suave possível. O risco político que isso representa para o Governo May é que, quanto mais o levarem em consideração para proteger empregos e crescimento econômico, mais os partidários da saída se perguntarão se essa decisão comporta alguma diferença fundamental. O *status* de "semirresidente", do qual já gozava o Reino Unido, não ajuda muito nesse sentido. Se ele fosse membro da Zona do Euro ou tivesse assinado o Acordo de Schengen, a reintrodução da Libra ou fronteiras estritas poderia fornecer uma garantia rápida e simbólica de que ele havia efetivamente deixado a União Europeia. Quanto mais suave for o Brexit, menos os britânicos perceberão a diferença. O fluxo de bens, de capitais e de pessoas certamente será maior do que esperavam aqueles que votaram a favor do Brexit. Por outro lado, o Reino Unido não pode escolher a seu bel-prazer os termos para participar do mercado único, de modo que o resultado das negociações será um compromisso, um meio-termo pactuado; isto é, algo inevitavelmente decepcionante para os soberanistas.

O outro grande paradoxo tem a ver com a relação entre as dimensões plebiscitária e representativa da democracia; a verdadeira substância do debate que está em jogo, aqui e em todas as democracias. A campanha pelo Brexit foi baseada em um sentimento difuso de que o povo não é soberano, e contribuiu para aumentar esse sentimento. Daí a invocação da democracia direta – em um país no qual a soberania parlamentar é sagrada – para remediar a maneira pela qual a democracia representativa estava administrando as relações do Reino Unido com a União Europeia. A convocação do referendo e o seu resultado são um sinal de até que ponto a confiança nos representantes foi quebrada. David Cameron justificou a consulta argumentando que o consentimento democrático de pertencer à União Europeia havia enfraquecido, embora cada novo tratado que aumentava as competências havia sido aprovado no Parlamento de Westminster. O recurso de Cameron à democracia direta o colocou ao lado de políticos populistas como Nigel Farage, Geert Wilders, Marine Le Pen ou Beppe Grillo, especialmente interessados em contornar a democracia representativa e apelar diretamente ao povo, supostamente ignorado pelos partidos do sistema. Como afirma Jan-Werner Müller, um referendo oferece aos populistas a possibilidade de o povo confirmar o que eles já identificaram como a vontade autêntica popular.

A estratégia inicial de Theresa May consistia em prometer uma lei de revogação e iniciar a retirada da União Europeia por prerrogativa da Coroa. Mas a Suprema Corte obrigou o governo que a legitimação do acordo fosse do Parlamento. Desse modo, a democracia direta do Brexit invalidou a ordem existente, mas sua reconfiguração exige confiar na democracia representativa ou recorrer a um referendo subsequente (provavelmente as duas coisas).

Este é o cerne do paradoxo contido na tensão entre a soberania de um instante e sua concretização representativa. Os referendos têm o efeito de – como se costuma dizer – momentaneamente capacitar as pessoas, mas as deixam dependentes do governo; aquele que leva a cabo o trabalho complexo de, nesse caso, transformar um não simples e com várias motivações em um novo tecido de relações com a União Europeia. A expressão da vontade popular em um momento específico não pode substituir a democracia representativa quando se trata de concordar com os termos do Brexit e de moldar um novo relacionamento com a União Europeia. Os britânicos votaram pela saída, mas não deram qualquer indicação no referendo sobre como deveriam ser os termos; nem os termos do processo de saída nem desse novo relacionamento, cujo desenho e aprovação são de responsabilidade dos governos e parlamentos.

O Brexit pode ser uma vitória pírrica que contradiz muitos dos objetivos da campanha pela saída. Os primeiros problemas já estão se manifestando em relação à dificuldade de alcançar resultados positivos para satisfazer os eleitores que desejam uma clara ruptura com o *status quo*. As aspirações eram muito altas.

Em que pode consistir "recuperar o controle" ou "recuperar a soberania" nas novas circunstâncias de uma negociação condicionada por numerosas restrições? Como decifrar o que os eleitores quiseram dizer com o *leave* e fazê-lo valer em uma negociação complexa com a União Europeia? O referendo é um instrumento rígido, na medida em que apresenta uma opção binária, quando, na realidade, existe um amplo espectro de possibilidades de deixar a União Europeia e logo se relacionar com ela. E alguns dos paradoxos deste e de outros referendos são: o governo é censurado por suas políticas em relação à Europa, mas confia-se a ele a consecução do melhor compromisso possível; supõe-se que se possa conseguir em condições particularmente difíceis o que não pode ser feito em condições de normalidade.

Colocar em prática o Brexit requer não apenas o mandato inicial, mas também apoio público explícito aos termos da separação. Esse foi o motivo da convocação das eleições, com as quais May tentou, sem sucesso, melhorar quantitativamente sua posição, mas não modificou qualitativamente os termos do problema. A antecipação das eleições não impediu que se fizessem patentes todas essas contradições, nem deveria haver um segundo referendo sobre o resultado das negociações com a União Europeia, que novamente complicará as questões em uma época na qual as democracias se transformaram em bazares de simplicidade.

21
Quem é que manda aqui?

Já faz algum tempo que a pergunta mais oportuna e perturbadora é: Quem é que manda aqui? Essa pergunta é lógica quando, em grande parte, o poder mudou dos estados nacionais para os conglomerados anônimos que têm uma localização incerta, escapam às obrigações do controle político e não precisam prestar contas a nenhum eleitorado. Em vista da desordem global, quando nos encontramos no meio de processos ingovernáveis, dinâmicas pelas quais ninguém é responsável, ou a mera complexidade dos problemas que enfrentamos, identificar alguém como responsável, autor, competente ou destinatário de nosso protesto não é apenas um alívio psicológico, mas um requisito para exercer nossos direitos democráticos. Uma consequência dessa confusão geral é a dificuldade de atribuir sucessos e fracassos a um agente político em particular. Muitas de nossas controvérsias giram precisamente em torno de saber se o mérito ou a falha é deste governo, do governo anterior, de Bruxelas ou da globalização.

É possível fazer essa identificação quando tudo está inter-relacionado e a única coisa que realmente reina é a confusão? A ideia de um mundo interconectado, que nos serviu como um local comum para designar a realidade da globalização, implica, em princípio, um mundo de responsabilidade limitada, quando não difusa ou abertamente irresponsável, sobre a qual não se pode estabelecer qualquer controle e do qual ninguém se encarrega. Interconexão significa, por um lado, equilíbrio e contenção mútua, mas também se refere a contágio, efeitos em cascata e amplificação dos desastres. Daí não ser exagerado falar, como Anthony Giddens, de um *mundo em descontrole*.

Por outro lado, em nossas sociedades democráticas, temos a impressão de que as pessoas oficialmente encarregadas das instituições não são as que detêm o real poder. Os estados são em boa medida impotentes e se veem condicionados por forças transnacionais que não estão ligadas aos territórios, que parecem capazes de ditar-lhes, por exemplo, o conteúdo da política econômica. Em todo caso, a diferença entre poder oficial e informal revela que os assentos do poder explícito não precisam coincidir com os locais de onde o poder real é exercido. Se apenas o poder oficial fosse real, a questão do poder seria apenas um assunto das ciências administrativas. Não é necessário pertencer à tribo de conspiradores e paranoicos para impugnar múltiplas formas de poder em relação a assuntos ou a partir de instâncias que não têm autorização. Quantas formas de dominação, por exemplo, não provêm da imposição direta, mas são baseadas em censura ou manipulação, sendo exercidas a partir de regras rotineiras que não têm qualquer neutralidade além da aparência.

Esse caráter disperso, extraoficial, difuso, caótico e limitado do poder tem uma dimensão positiva que deve ser interpretada como o resultado mais ou menos intencional da longa marcha da humanidade para descentralizá-lo. Na democracia o poder está em toda parte e em lugar nenhum, no sentido de que não pertence adequadamente a ninguém, nem mesmo àqueles que o exercem. As democracias têm procedimentos para que ninguém ocupe esse lugar, para submetê-lo à confirmação popular ou para revogá-lo. O poder em uma democracia é provisório, limitado e vigiado. Em uma democracia não há lugar para a perpetuação no poder sem reeleição, nem submissão aos especialistas e técnicos, nem mesmo para que o povo se converta em príncipe, como advertia Maquiavel. Para que o poder seja democrático deve escapar de todos, não pode ser monopolizado ou estabilizado para sempre, nem capturado por ninguém. O poder é um lugar de trânsito e instável; exercido, mas não mantido, e geralmente realizado de maneira acordada, limitada e compartilhada.

A meu ver, a melhor explicação desse estado de coisas é a de Claude Lefort, que definiu o poder em uma democracia como um lugar vazio: a democracia é a instituição que corresponde a uma sociedade na qual se experimentou "a dissolução das referências de certeza", "a indeterminação final quanto ao fundamento do poder, da lei e do conhecimento". Não há conhecimento indiscutível, nem fundamentos que não possam ser questionados, nem ordem imutável. O conhecido é sempre rodeado pelo desconhecido e a identidade nunca remove a experiência da divisão. A democracia é um espaço de dúvida, conflito e invenção imprevisível. O poder não pertence a ninguém; é um lugar vazio ocupado apenas provisoriamente.

Dessa maneira, Lefort está colocando o conflito – a diversidade de opiniões, a ausência de conhecimento incontestável, os poderes que se neutralizam, a falta de uma garantia absoluta... – no centro de nossas sociedades. Como o poder democrático não possui uma garantia transcendente, é continuamente constituído pelo debate sobre sua legitimidade e não tem escolha, a não ser aceitar e institucionalizar o conflito; seja a divisão social, seja o choque entre as diferentes lógicas que caracterizam cada uma das esferas política, econômica ou jurídica, seja a irredutível oposição entre valores. O *homo democraticus* está em um ambiente de incerteza que, longe de responder a uma ausência ou vazio de sentido, está ligado à sua pluralização: eleições contraditórias não se impõem com absoluta evidência diferentes regimes de vida, pertenças múltiplas, alternativas possíveis, crítica e contestação.

Isso não quer dizer que não exista instância em que se exerça dominação, mas que o poder não pertence propriamente a ninguém, o que se verifica pelo fato de ser vigiado e contestado, submetido regularmente ao sufrágio dos eleitores. Os polos de identificação que se encarregam de designar "o comum" – a nação, o povo, o Estado, a Europa, a humanidade – nunca são plenamente atualizáveis ou definitivos, e só são expressos por meio do conflito de suas interpretações. Todo poder deriva do povo, certamente, mas isso é feito apenas de maneira plural e conflitante; sua identidade nunca é totalmente realizada, mas sim reiterada e expressa por meio da divisão. A sociedade democrática é perpassada por diferenças de opinião, classe e interesse que tornam duvidosas todas as tentativas de identificar uma vontade inequívoca do povo. A democracia é uma forma de organização política da sociedade na qual o conflito nunca é definitivamente reabsorvido na unidade de uma vontade comum.

Se é assim, temos de pensar a crítica de outra maneira. Para começar, não nos relacionaríamos mais com o "poder" no singular, mas com uma pluralidade de poderes. O fato de esse poder ser disperso não significa que não haja casos em que seja exercido de maneira mais injusta e que essa distribuição às vezes não seja desproporcional; significa que geralmente esses lugares não são estáveis, que ninguém tem todo o poder e que isso não nos impede de criticá-lo.

Isso não quer dizer que não exista poder; pelo contrário, ele existe em toda parte, distribuído de maneira muito assimétrica, na empresa, na família, na escola... Em vez de uma identificação ou desmascaramento definitivo, o que temos é uma "microfísica do poder" (Michel Foucault), uma disseminação típica das sociedades democráticas, com suas vantagens e desvantagens. O poder não é algo que se possa suprimir de uma vez por todas. Acadêmicos, jornalistas e até profissionais da crítica também têm seu micropoder, e talvez o que Foucault já alertava: que eles não cortaram a cabeça do "soberano" em suas teorias, ainda obcecados pela busca de *um* lugar de poder para se opor a uma *grand refus*, uma revolta definitiva, uma rejeição enfática. Ao falar em "detenção [do poder]" podemos estar reduzindo o poder de volta a uma dimensão, sugerindo que ele seja algo que alguém possa se apropriar ou abolir, como pensava Karl Marx, que se poderia fazer modificando a propriedade dos meios de produção, ou como pretendem os neoliberais quando reivindicam a sociedade civil como se fosse um espaço sem dominação. É essa singularização do poder que não parece mais possível. Ele está em toda parte, também onde é criticado, e as relações de poder não desaparecem de uma só vez. Contra as grandes imputações – de poder, rejeição, culpa, hegemonia –, a razão crítica consiste hoje em avançar ao longo da linha modesta, mas eficaz, de melhorar as limitações ao poder, à resistência e à construção coletiva da responsabilidade.

Assim como existem maus usos do poder, também existem maus usos da crítica; por exemplo, essa caricatura do pensamento crítico que é o conspiracionismo, ou pensar a partir da suposição de que todo poder deva ser desmascarado, denunciado como tal, seja qual for sua natureza e a maneira como é exercido. A desconfiança e as críticas erguidas em posições de princípio tornaram-se obstáculos, em vez de auxílio para o pensamento e a emancipação.

Falar do poder no singular nos permite tratar uma noção que abrange um conjunto de práticas como se fosse uma entidade real, dotada de contornos definidos, e sobretudo de intenções capazes de explicar suas ações. Mas, na realidade, o poder em uma sociedade avançada é, ao mesmo tempo, de extrema complexidade e fragilidade, principalmente devido à multiplicidade de instâncias que intervêm e das resistências que gera. Essa é uma das razões pelas quais o desejo revolucionário é tão confuso: não há cabeças para guilhotinar nem "fuga para Vincennes" a impedir, não há palácio de inverno para invadir e, mesmo que tudo isso possa ser feito, a transformação da sociedade continuaria sendo uma tarefa pendente. Não há mais um ponto arquimediano para mover o mundo, e por isso os conspiradores, os revolucionários e os controladores são personagens de outro tempo. Todos eles têm uma ideia muito simples do que é o poder; não dão conta de imaginar um poder que não seja dominação absoluta.

O esquema de oposição entre poder absoluto e alguns indivíduos não assistidos pertence a uma metafísica do poder que não está mais em ato. Não faz sentido exercer a crítica social como se o poder estivesse absolutamente fora do alcance dos dominados (o que não pode ser inteiramente assim numa sociedade onde há acionistas, eleitores, tuiteiros e *hackers*, embora a força destes também não seja tão grande). Nem uns dominam tanto nem os outros são tão dominados, o que de forma alguma significa a inexistência de dominação, mas que temos de pensá-la e combatê-la de outra maneira.

Isso explica tantos erros da crítica, com frequência dirigida àqueles que não a merecem ou porque não têm mais tanto poder como antes ou porque absolutamente não o têm: à Igreja em uma era secularizada; aos políticos, quando são os mercados que governam; ou a um agente econômico específico, como se os mercados pudessem ser direcionados individualmente. As igrejas se intrometem em não poucas ocasiões, os políticos geralmente merecem nossa reprovação e os vigaristas nos ultrajam, mas tudo isso não nos permite abandonar à comodidade de pensar que nossas sociedades podem ser governadas pela religião, que todas as falhas dos sistemas políticos se devam à falta de habilidade de nossos representantes ou à existência de crises econômicas porque existem esquemas de pirâmides financeiras e paraísos fiscais. Portanto, se neutralizássemos a influência política dos líderes religiosos, se substituíssemos nossos representantes e eliminássemos a fraude tributária, teríamos feito coisas muito boas, mas a maioria dos problemas políticos ainda não seria resolvida.

Quem quiser descobrir os poderes do mundo, atribuir as responsabilidades apropriadas e exercer a crítica deve começar controlando sua própria teoria. A mesma perplexidade daqueles que protestam forma parte do grande desgoverno em que nos encontramos, e nunca se conseguiu solucionar problemas sem que antes estes fossem identificados corretamente.

22
O verdadeiro poder das mulheres

A política continua a ser coisa de homem, em maior medida do que parece e apesar dos números tranquilizadores que apontam as estatísticas. O fato mais óbvio é que, de acordo com os estereótipos masculinos da competição, as mulheres são obrigadas a fazer o que geralmente é dado como certo pelos homens. Uma prova dessa dominação é que a luta pela paridade também é cheia de lugares-comuns. Quando a presença de mulheres na política não se justifica em termos de igualdade, mas de diferença de gênero, consagra-se um papel feminino que ora joga a favor ora contra as mulheres, mas acaba sempre prejudicando-as.

Essa ambivalência pode ser verificada na campanha de Ségolène Royal, a candidata socialista para as eleições presidenciais na França em 2007, que foi beneficiária e vítima do papel tradicional atribuído às mulheres. O que a princípio parecia sinônimo de renovação e espontaneidade foi transformado, na imaginação coletiva cuidadosamente alimentada por seus rivais, em fraqueza e despreparo. Em uma sociedade na qual os lugares-comuns do sexismo ainda vigoram, a mesma coisa que lhe deu uma vantagem inicial (ser mulher) acabou se tornando seu maior inconveniente. O resultado foi que sucumbiu a esses clichês, à armadilha que permite que as mulheres adornem o palco, desde que renunciem a ser decisivas.

É muito frequente o caso de mulheres que se fazem ouvir no espaço público, graças ao fato de não se apresentarem como pessoas políticas e, nessa medida, afirmarem sua proximidade com os cidadãos. É um tópico que também se aplica a empresários, juízes ou jornalistas que, de tempos em tempos, aparecem nas eleições e mostram sua falta de profissionalismo político como vantagem. Nesse caso, ser mulher seria equivalente a estar próxima das pessoas e, portanto, longe do microcosmo da política. Ségolène Royal, apesar de formada no mesmo ambiente de onde vem grande parte dos políticos franceses (a École Nationale d'Administration) e ter sido ministra várias vezes, apresentou-se nas primárias como menos "profissional" do que Dominique Strauss-Kahn ou Laurent Fabius e mais próxima dos cidadãos. Não surpreende que sua campanha tenha sido baseada na ideia de uma "democracia participativa", uma extensão natural dessa sociedade civil que é o lugar reservado para as mulheres. Por trás disso existe uma maneira de entender a paridade que procurou promover as mulheres, definindo a feminilidade como o suplemento da política, como seu inverso. A historiadora americana Joan W. Scott mostrou muito bem como a presença das mulheres não foi promovida para corrigir a representação, mas questioná-la: as mulheres viriam a introduzir a sociedade civil na esfera política, que se supõe artificial, profissionalizada e distante.

O que os oponentes políticos de Royal fizeram foi simplesmente transformar essa falta de profissionalismo fingida em um vazio político e em incompetência. Por se gabar de não ter respostas para tudo, a candidata se beneficiou da simpatia despertada por não especialistas, mas se expôs à suspeita de que não fazia ideia de nada. O que explicava seu sucesso ontem (não ser como os outros na política, não ser um homem e até mesmo não ser um político) acabou sendo justamente o que minou sua credibilidade. Ela acabou vítima da armadilha que permite que muitas mulheres desempenhem o papel de "pessoas comuns" e depois as exclua como impróprias. Aqui se verifica em que medida a paisagem dos lugares-comuns está cheia de estereótipos que consagram, no final, uma vantagem masculina. Para as mulheres envolvidas na política, as condições que abrem as portas para o sucesso podem acabar sendo as mesmas que justificam sua desqualificação: elas são simplesmente mulheres.

Há algum tempo, Michelle Perrot resumiu sua pesquisa sobre a história das mulheres com uma ideia que considero muito verdadeira: a diferença entre homens e mulheres é que apenas o homem é um indivíduo; ou seja, alguém cujo gênero é transparente, que está emancipado de seu grupo de pertencimento, que *é* de acordo com o que ele faz de si mesmo. A exclusão das mulheres foi realizada, literal e simbolicamente, impedindo essa individualização. Por esse motivo, geralmente ocorre que somente quando um candidato aparece no palco é que surge a questão da identidade, porque já se sabe que os homens não temos gênero e não somos mais do que um indivíduo. O homem tem possibilidades de realização pessoal não apenas por sua não discriminação, mas porque se entende que somente ele deve seu valor ao que faz e à competência que adquire. Na atribuição tópica de funções, as mulheres recebem características que não lhes permitem distanciar-se de sua condição; uma mulher, mesmo a mais bem-sucedida, sempre será *uma mulher* que foi bem-sucedida e não – como no caso do homem – *alguém* que teve sucesso.

A conclusão para o caso da política poderia ser a seguinte: as disposições para o acesso das mulheres a instrumentos de representação política devem se basear em um mero fato sociológico (que elas constituem aproximadamente 50% da população, enquanto sistematicamente há uma porcentagem menor de mulheres em posições de responsabilidade política), e não em uma suposta qualidade essencial que viria para remediar a bagunça causada pelos políticos. As mulheres não estão mais próximas das pessoas; mas, infelizmente, estão mais afastadas da política. As políticas "afirmativas" são justificadas por meros dados demográficos e não por uma qualidade distinta que caracterizaria todas as políticas, para além das siglas de cada uma. A diferença faz sentido para promover o acesso, não para orientar a atividade política das mulheres. A paridade teria cumprido seu objetivo quando a atividade política das mulheres deixasse de ser algo específico e grupal. Quando as mulheres fazem política "de mulheres", desenvolvendo supostos atributos de feminilidade (proximidade, humanidade, senso comum, inclinação ao cuidado e proteção, sensibilidade pelo particular...), é exatamente isso que as mantém reclusas na privacidade, elas involuntariamente contribuem para serem expulsas do espaço público. Em vez de "feminilizar" a política, a coisa mais vantajosa, também para as mulheres, seria efetivamente individualizá-las, desmasculinizá-las. A renovação da política não virá das mulheres que fazem uma política feminina, mas da equidade efetiva. A paridade é necessária para corrigir uma disfuncionalidade que impede a presença de mulheres na política, mas não para que elas façam, como tais, *outra* política que deva necessariamente ser mais próxima e mais humana.

Onde, então, reside o verdadeiro poder das mulheres? Obviamente, não no que complementa ou corrige o poder dos homens, mas no que pode substituí-lo. A dominação masculina pode até promover alternativas femininas com a segurança de que elas não comprometem a distribuição de funções que garantem sua hegemonia. O que nós, homens, mais tememos não é uma mulher, muito menos se for uma mulher-mulher; o que mais nos incomoda é *outro* indivíduo.

23
Destros e canhotos

Categorias políticas não são imortais; como os seres vivos, elas nascem e morrem. Têm momentos de esplendor nos quais desenvolvem toda a sua força explicativa, tornam o mundo compreensível e facilitam nossas escolhas. Mas também se desgastam, perdem a capacidade de orientar, nos confundem mais do que esclarecem e podem até se tornar verdadeiros impostores.

Essa contingência também rege a vida, a transformação e até a morte possível de conceitos políticos como os de direita e esquerda. Quem hoje se lembra de que a distinção fundamental já foi aquela entre monarquistas e republicanos ou quando todo o antagonismo político era protagonizado por carlistas e liberais? Não parece que conflitos sociais ou identificações ideológicas desapareçam, mas é certo que, com o tempo, elas assumem várias formas e denominações. Assim como havia nobres e servos da gleba, senhores e escravos, elites e massas, proprietários e proletários, revolucionários e integralistas, hoje o antagonismo social parece ser mais bem-explicado se falamos de minorias extrativistas e de precarizados ou de castas e de pessoas. Não podemos saber qual distinção ideológica caracterizará o futuro embate político, mas podemos ter certeza de que será muito diferente da atual.

Boa parte de nossa confusão ideológica se deve ao fato de algumas vezes a direita usar uma linguagem progressista e a esquerda falar de maneira conservadora. A direita se apresenta como defensora da inovação, promotora da modernização ou da defesa da liberdade ligada à desregulamentação, enquanto a esquerda se preocupa com coisas tão pouco revolucionárias como a integração, a coesão ou a manutenção das conquistas do Estado de Bem-estar Social. A direita, que tradicionalmente legitima eventos sociais como realidades imutáveis, agora pensa em uma sociedade mais aberta a possibilidades, mais flexível e configurável; a esquerda, que vinha pensando em termos revolucionários, ficaria satisfeita em preservar o que existe. Os papéis foram invertidos: a direita tornou-se utópica, e a esquerda, realista. Essa situação parece aconselhar uma nova formulação da diferença entre direita e esquerda, caso se queira obter alguma orientação para não se perder no cenário político em mudança, particularmente enganoso porque algumas das referências desapareceram, e que ordenou o mundo até o fim da Guerra Fria.

O dilema atual consiste, de maneira concisa, em como continuar com a modernização. Termos como desenvolvimento, crescimento, aceleração, progresso e expansão aludem a um processo que alguns apenas comemoram e outros, em vista de suas muitas consequências negativas, gostariam de deter. A sociologia mais recente cunhou a expressão "Modernidade reflexiva" para indicar a possibilidade de promover o desenvolvimento em suas várias formas (tecnológico, econômico, social) sem deixar de ponderar seus efeitos negativos (no ambiente ou na integração social, p. ex.) – e introduzir as correções correspondentes. O objetivo seria desnaturalizar os processos sociais e entendê-los como possibilidades abertas à discussão. Com esse esquema pode-se compreender a nova distribuição de papéis. A direita estaria inclinada a enfatizar a natureza inevitável dos processos sociais e a esquerda tenderia a afirmar sua dimensão configurável; a direita prefere a simplificação, a modernização sem mais delongas, enquanto que a esquerda se inclina à complexidade da modernização reflexiva.

Uma das primeiras coisas que essa diferenciação – caso esteja correta – nos obriga a abandonar é a concepção linear da história, o grande mito do progresso e o curso do tempo que nos liberta dos lastros do passado e nos leva a um futuro emancipado. Os tempos mudaram tanto, que até o tipo de mudança variou. De nada serve a ideia de progresso com a pretensão de indicar que o futuro será menos complexo, menos ambivalente do que o passado. Agora, apenas a direita pode acreditar no conto do progresso que nos há de trazer um futuro menos regulamentado, com menos limitações e mais liberdade de escolha do que o passado. O que nos espera, pelo contrário, é um desenvolvimento futuro radicalmente mais complexo. O curso do tempo continua a existir e avança, é claro, mas não indica mais o caminho da servidão à liberdade, e sim o da complexidade crescente. Algo essencial mudou na maneira como transcorre o tempo e as questões políticas não são mais colocadas em termos de modernização (i. é: em termos de quem chega antes ou vai mais rápido), mas quem faz melhor, de forma mais reflexiva e articula as tensões que geram processos sociais.

O dilema tradicional da esquerda foi escolher entre a revolução ou a reforma, o que significava aceitar um curso coerente e reconhecível de eventos contra os quais se discutiam apenas as velocidades. Quando, por ocasião da queda do Muro de Berlim, começou-se a falar no "fim da história", obviamente ninguém estava afirmando o fim dos eventos históricos – que seriam simplesmente risíveis –, mas sim o esgotamento de uma interpretação da história como uma sequência irreversível de processos e tempos que se sucedem sem deixar vestígios. Já não vivemos um tempo que pode ser simplificado por uma revolução ou pelos intérpretes progressistas da história, como a esquerda antiga ou a direita liberal. Pode-se dizer que abandonamos essa linearidade e estamos em uma era de coexistência de processos, tensões e movimentos irredutíveis a um eixo dominante que os integre ou lhes confira sentido. O principal problema que estamos enfrentando não é realizar a revolução ou substituí-la por reformas parciais, sempre na mesma direção, mas buscar a coexistência de tipos completamente heterogêneos de seres humanos, culturas, tempos e instituições.

Assim, a esquerda há de tomar partido devido à complexidade contra a simplificação – que é a grande tentação da direita – do que é uma boa amostra o simplismo, mas também a popularidade de seu discurso. Até recentemente, na era da modernização irreflexiva, a simplificação era a solução dominante. Era possível produzir objetos (leis, instituições, indústrias, comunicações, técnicas, mercados...) que não traziam consequências inesperadas e podiam ser substituídos por outros. Tudo se baseava na ideia de que quanto mais ciência e tecnologia fossem aplicadas, menos discussão seria necessária. Havia o melhor procedimento, o ideal econômico, a solução mais eficiente para um determinado objetivo. Hoje estamos nos movendo em um campo muito diferente. A variedade de consequências causadas pelos meios que usamos modifica a definição dos fins. Ciência e tecnologia não suprimem controvérsias, elas as tornam mais agudas. Já não vale a pena apelar para a evidência de dados ou princípios científicos incontestes, porque é justamente isso que se tornou problemático. Os indicadores econômicos não tornam desnecessária a discussão sobre o que consideramos uma boa sociedade, da mesma forma que o avanço da ciência e da tecnologia não nos isenta de estabelecer que meio natural devemos conservar ou quais são as condições não manipuláveis de nossa corporalidade além das quais a vida se converte em um artifício indigno.

Em outros tempos, era a esquerda que apoiava a existência de leis históricas ou sociais; hoje é a direita que acredita dispor de leis científicas inquestionáveis e de uma disciplina econômica que lhe permite omitir os procedimentos democráticos. Nesse novo contexto, a esquerda deve ser a defensora da discussão, uma vez que se foi o tempo em que as ciências podiam ser usadas para simplificar problemas sociais ou evitar a política. A esquerda deve dificultar a vida dos simplificadores que apresentam as ciências (especialmente a economia) como provedoras de dados incontestáveis e, assim, procuram evitar as demandas da discussão pública. O imperativo de calcular deve ser substituído pelo de argumentar.

No fundo, o capitalismo age de maneira muito ineficiente quando se trata de pesar os efeitos externos da atividade econômica; funciona como um redutor de complexidade que nos acostuma a pensar em termos simplistas e a ignorar a riqueza de significados, implicações e consequências de sua atividade. No fundo, ele tem uma visão simplista do funcionamento da sociedade e do bem comum. A esquerda tem a tarefa de estabelecer o diálogo social dos interesses econômicos com as dimensões e os interlocutores que tendem a ser deixados de fora.

Ser a favor ou contra a intervenção do Estado não é o que distingue a esquerda da direita porque, no fundo, essa não é mais a questão. Os assuntos políticos não são mais resolvidos com uma simples fórmula nem com abordagens disjuntivas, como se houvesse uma escolha entre o Estado ou o mercado. O futuro pertencerá a quem conceber adequadamente o misto, o complexo e a articulação do heterogêneo.

Estou ciente de que esta proposta de diferenciação entre esquerda e direita não coincide com a caracterização dominante e que é, antes, a demarcação que agradaria. No caso de questões políticas, não é legítimo ocultar que as descrições não são neutras e desinteressadas. Se alguém considerar que não há mais sentido em falar em esquerda e direita, vamos distinguir, caso se queira, entre canhotos e destros, relativizemos ou sublinhemos a diferença; sempre haverá quem prefira a objetividade pouco maleável e quem prefira a complexidade que supõe entender a realidade social como uma rede de possibilidades, talvez poucas, mas suficientes para que a política seja uma aventura quase tão difícil quanto conseguir que uma orquestra toque de maneira relativamente boa.

PARTE IV
A DEMOCRACIA NA ERA DE TRUMP

No inventário do que nos causou especial perplexidade política, a eleição de Donald Trump como presidente dos Estados Unidos em novembro de 2016 ocupa um lugar de destaque. Mas o fato de algo ter nos surpreendido não significa que não possa ser explicado, que não responda a mudanças sociais e políticas insuficientemente advertidas por aqueles que são surpreendidos por um de seus efeitos. A razão retrospectiva é mais fácil do que a razão anticipativa, e talvez exercitar a primeira possa servir para fortalecer a segunda. Quais são aquelas coisas nas quais ocorreram profundas transformações sociais, que ultrajam grande parte da sociedade e que não foram devidamente interpretadas? Eu as resumiria em três processos particularmente visíveis na sociedade americana, mas com manifestações muito semelhantes em outras sociedades: uma política degradada que não é concebida como o exercício de virtudes públicas e que dá a impressão de ser o escritório de um círculo fechado de privilegiados dedicados ao exercício da intriga; um modelo de capitalismo virtual acelerado que oferece muitas oportunidades para alguns, mas que destrói campos inteiros de emprego e que é literalmente insuportável para muitos trabalhadores; e, terceiro, um dualismo também em referência ao fenômeno multicultural, idilicamente celebrado por quem apenas experimenta seus benefícios e temido excessivamente por quem o experimenta em suas dimensões mais conflitantes.

24
O desconcerto das elites

Coisas inesperadas estão acontecendo, também para quem, em princípio, dispõe dos melhores instrumentos para conhecer a sociedade e antecipar sua possível evolução: resultados eleitorais desconcertantes, perda de referendos contra todas as probabilidades, avanço de forças políticas reacionárias... O pavilhão dos desconcertados é composto de pessoas de várias origens, da direita e da esquerda, os conservadores clássicos e os progressistas elegantes, o Partido Republicano estadunidense e os Clintons, democratas-cristãos e social-democratas europeus... Em tempos de fragmentação, a única coisa que a tudo perpassa é a confusão, embora na direita geralmente esse sentimento dure menos. Os conservadores geralmente se dão melhor com a incerteza e não têm muita pretensão de formular uma teoria da sociedade, desde que as coisas funcionem. A esquerda geralmente sofre mais com a falta de clareza e leva muito tempo para entender por que, por exemplo, os trabalhadores votam na extrema-direita. Daí o amplo debate sobre o que deve fazer a esquerda (liberais, democratas, socialistas ou progressistas) para recuperar alguma capacidade estratégica em meio a uma situação que ela não entende nem obviamente controla. No entanto, a distinção entre direita e esquerda pode ser menos relevante do que a diferença entre aqueles que na América entenderam (Donald Trump e Bernie Sanders) e aqueles que não entenderam nada (os democratas e republicanos clássicos).

Como se explica esse desconcerto? Minha hipótese é que sua origem esteja na fragmentação de nossas sociedades, na segregação urbana, na exclusão e no dualismo trabalhista. Vivemos em sociedades com múltiplas fraturas, nos Estados Unidos, especificamente, entre cidades costeiras e o interior do país, entre a população branca e as minorias, a ética de trabalho protestante e uma cultura de abundância e diversão... Ao mesmo tempo, a mídia, a tradicional e suas modalidades mais recentes, acelerou essa fragmentação das identidades culturais e políticas; especialmente, as redes sociais permitem a criação de comunidades abstratas e homogêneas em enclaves de opinião nos quais se reflete a autossegregação psíquica de comunidades ideológicas.

Uma das consequências dessa ruptura é a incapacidade de compreensão mútua, não apenas do ponto de vista de compartilhar objetivos comuns, mas também do ponto meramente cognitivo: encarregar-se do que acontece com os outros, das razões para desconforto, antes de difamar o fato de não disporem de soluções reais para esse desconforto ou se deixarem seduzir por ofertas políticas que não representam solução alguma. De um lado, esse grupo de brancos, idosos e americanos de classe média, movidos por um espírito de ressentimento racial contra a minoria americana que Barack Obama encarnava, irritados pela imigração e pelo comércio internacional. De outro, a secessão de uma minoria civilizada que se distancia dos instintos "populistas", não tanto porque tem uma ideia superior de democracia, mas porque não sofre as ameaças precárias que atingem os mais afetados pela crise nem compreende os medos dos de baixo. As elites dominantes não estão entendendo bem o que acontece em nossas sociedades, provavelmente porque se encontram em ambientes fechados que as impedem de entender outras situações vitais. Não há experiências compartilhadas ou uma visão geral; apenas comodidade privada, de um lado, e sofrimento invisível, de outro. Aqueles que se revezaram na direção dos assuntos públicos não entenderam o quão corrosiva está resultando para a democracia uma persistente desigualdade e a diferença de oportunidades. As múltiplas convulsões experimentadas pela sociedade americana (com seus equivalentes em outras partes do mundo), do Tea Party a Trump ou, no extremo contrário, os movimentos Occupy Wall Street e o inesperado sucesso de Bernie Sanders, são os sintomas do descontentamento com uma "modernidade" forçada, enquanto a elite e seu formidável aparato de propaganda repetem uma e outra vez que não há outro horizonte possível.

As elites argumentam que certas reações não são razoáveis nem oferecem as soluções adequadas, e é verdade, mas isso não as isenta da responsabilidade de investigar as causas desse desconforto e pensar que elas podem estar fazendo algo errado. Insistir que a política é representativa, que a globalização oferece muitas oportunidades e que o racismo é ruim só vale para se ter razão, mas não serve para entender por que o elitismo político é tão irritante, que dimensões da globalização representam uma ameaça real para muitas pessoas e que aspectos do conflito multicultural devem ser resolvidos com algo mais do que boas intenções.

Mas tampouco o povo é necessariamente mais sábio do que os seus representantes, de modo que essa fórmula de elitismo invertido que é o populismo não resolve nada. O problema subjacente é a falta de um mundo comum. As soluções somente se iluminarão pelo compartilhamento de experiências; isto é, de emoções e razões. Se, em vez de continuarem enfrentando as razões dos de cima com os instintos dos de baixo, aqueles interpretam adequadamente as irritações destes; condição indispensável para que os irritados possam confiar nas intenções e capacidades daqueles que os representam.

25
Uma política sem virtudes cívicas

A inesperada vitória de Donald Trump nas penúltimas eleições norte-americanas será motivo de muitas análises. O que me interessa aqui é apresentar algumas das chaves que podem nos ajudar a compreender, desde o início, por que entendemos tão pouco o que está acontecendo conosco e recorremos a certos elementos da cultura política que explicariam os fatores que sua campanha soube mobilizar. A democracia, de acordo com Trump, conecta-se com certas avaliações subjacentes de uma parte da sociedade americana – a cultura cívica e populista do antigo jeffersonianismo, o capitalismo de proprietários diante da globalização financeira, uma certa exaustão do paradigma multicultural –, mesmo que não represente uma solução bem--sucedida para os problemas dos quais conseguiu se erigir como porta-voz. O que ele não conseguiu foi atribuir a esses objetivos pouco coerentes um valor que lhe parecia menos importante do que a objetividade.

No imaginário que alimentou aquela disputa eleitoral americana, não apenas a esquerda e a direita entraram em conflito, mas também dois conceitos políticos que, por sua vez, permitiram uma versão de esquerda e de direita: o republicanismo cívico e o elitismo liberal-conservador. Sem todos os matizes que esse quadro exigiria, considero que Trump e Bernie Sanders aspiravam representar o primeiro, o ideal cívico, enquanto os partidos republicano e democrata seriam vistos como o segundo, o chamado *establishment*.

As eleições reativaram o mito do homem comum (*common man*) da tradição radical-plebeia, tão presente na história fundadora dos Estados Unidos; a relação imediata com a natureza, o papel do trabalho, a rejeição da abstração e da burocracia, as intrigas políticas do poder federal, a aversão à corrupção e a grupos organizados, uma fé inquebrantável nos ideais americanos e no bem comum. Como no caso do Brexit, que tornou visível o contraste entre o campo e a cidade, aquelas eleições americanas refletiram a oposição entre o sonho jeffersoniano de uma democracia descentralizada, acalentado pelos pequenos proprietários, e a concepção hamiltoniana de poder centralizador e industrial.

Enquanto a democracia liberal requer unicamente uma sociedade de consumidores cultivados, a concepção populista e cívica da democracia exige um mundo inteiro de heróis, como afirmava Christopher Lasch. Este sociólogo reivindicou uma identidade do Meio-oeste (*Mid-west*), na qual se encontraria uma autêntica cultura democrática americana de inspiração protestante (alguns tipos que inspiraram Robert Altman em seu filme *The Last Show* [no Brasil: *A última investigação*], para citar um único exemplo entre muitos que poderiam ser mencionados).

E, assim, os produtos da indústria cultural americana explicam melhor os atuais confrontos políticos do que muitos tratados sobre a teoria da democracia. Encontramos a celebração do homem democrático nos filmes de Frank Capra, no qual se exalta o ideal americano, a vida da comunidade cívica que repousa na ética individual de seus membros, um modelo de virtude que parece anacrônico na era da manipulação política, os escândalos financeiros e o trabalho deslocalizado. Em alguns dos personagens em seus filmes (pense-se em James Stewart interpretando o protagonista de *It's a Wonderful Life* [no Brasil: *A felicidade não se compra*]) encontramos tipos que, de alguma forma, desenvolvem na sociedade moderna a virtude cívica associada à glória marcial na sociedade pré-moderna.

A antítese desse homem comum decente pode ser encontrada nos protagonistas de uma série de televisão como *The Office*, personagens psicologicamente laminados, cuja referência é uma cultura de massa na qual o único dever é não impor suas preferências aos outros, um eu flutuante e amorfo, desencantado e cínico, que carece de preconceitos, porque também não tem opinião própria que possa expô-lo a críticas. Ao mostrar a inanidade do mundo do trabalho em escritórios, os que conceberam essa série não aspiraram alertar aqueles que têm um trabalho de merda sobre sua condição proletária; pelo contrário, a ironia cínica neutraliza qualquer consciência da própria alienação e seu possível protesto.

Parece-me que esse é o pano de fundo de boa parte das disputas políticas que estão ocorrendo na sociedade americana e em outras partes do mundo, uma profunda insatisfação com certas formas de fazer política opostas ao modelo republicano, com sua ideia de virtudes públicas e engajamento cívico. Vivemos em democracias liberais entendidas como procedimentos para confrontos políticos e como estruturas governamentais que erodem a democracia como uma forma de civilização. Aqueles que obtêm sucesso nesse mundo de simplismo telegênico ou tuitado não são, obviamente, aqueles que melhor representam essa cultura cívica, mas aqueles que tiram o máximo proveito de seu declínio. É um paradoxo que os americanos tenham confiado essa recuperação das virtudes cívicas contra o *establishment* a alguém tão ignorante sobre a democracia e tão pouco virtuoso politicamente quanto eles mesmos. O fato de certos extremismos políticos não constituírem uma solução verdadeira para nossas democracias de baixa intensidade e até representarem algumas de suas piores manifestações não deve nos impedir de considerar esses fenômenos como o sintoma de um mal-estar que deve ser bem interpretado e ao qual devemos oferecer soluções democráticas.

26
O velho e o novo capitalismo

Outro contraste naquelas eleições americanas foi a distinção do capitalismo industrial clássico do novo capitalismo digital, o das grandes cidades industriais do interior *versus* o capitalismo financeiro ou criativo do Vale do Silício e de Wall Street. A evolução do capitalismo tornou quase obsoleto o que poderíamos chamar de economia real, o trabalho do sistema industrial e a manufatura, substituídos pelo modelo dos "analistas de símbolos" (Robert Reich), cujo interesse é se conectar com as comunidades de sucesso, o mercado financeiro internacional em rápida evolução, o *glamour*, a moda e a cultura *pop*, as elites prósperas e móbeis que habitam as cidades onde se goza a vida, mas onde ninguém pode fincar suas raízes, educar os filhos, viver e morrer. Nos últimos anos surgiu toda uma economia virtual e imaterial, um capitalismo de acionistas e especuladores, sem proprietários reais, o que contrasta com a ideia do primeiro capitalismo no qual a condição salarial era apenas um estágio temporário antes que cada um pudesse asceder à condição de proprietário dos meios de produção.

Uma grande parte da população vê as políticas de desregulamentação, globalização e deslocalização do emprego industrial, os desequilíbrios territoriais e a economia da inovação como uma ameaça real que parece beneficiar apenas um pequeno grupo de egressos das melhores universidades. Vivemos num sistema econômico e político que favorece a concentração da riqueza e do poder sem beneficiar toda a população. Mas, mesmo antes de uma questão de justiça, há também um problema de compreensão; por trás dos protestos contra o novo capitalismo há tanto uma indignação moral como uma irritação ocasionada pela perplexidade.

Essa recente evolução do capitalismo faz parte da crescente virtualização do mundo que muita gente não compreende completamente. Trata-se de um modelo econômico que reforça o poder dos dirigentes ou do capital, enquanto diminui o valor do trabalho humano. Assim como a produção em massa desconectou o operário dos talentos que antes eram necessários para os artesãos, o *marketing* de massa agora desconecta os trabalhadores de seus clientes. Talvez o exemplo mais eloquente dessa desconexão seja encontrado na profissão de bancário, despersonalizada e governada por forças impessoais que operam à distância do local de trabalho (os resultados ou balanços exigidos da sede). Pode ser ilustrativo lembrar a esse respeito que, no século XIX, era proibido nos Estados Unidos abrir uma agência em um local diferente do local de origem da sede do banco. Para avaliar a confiabilidade de qualquer operação de empréstimo e investimento, os bancários precisavam ser capazes de manter um relacionamento direto com os mutuários, uma capacidade baseada na experiência prática da comunidade. Hoje, esse conhecimento prático do cliente foi substituído por modelos algorítmicos, e o consultor bancário, pela burocracia.

Essa intermediação e esse distanciamento são verificados em muitas outras áreas em que se está levando a cabo uma desmaterialização do mundo do trabalho. Quem está colocando essa questão de maneira muito interessante é o filósofo americano Matthew Crawford, que reivindica, contra o capitalismo de cassino e a economia especulativa, o mundo industrial e até artesanal; algo comprovado pelo fato de ele mesmo se definir como filósofo e reparador de motocicletas. Trata-se de algo que já havia sido apontado por Richard Sennett em sua reflexão sobre a artesania e que faz parte da imaginação popular da sociedade americana, tal como se apresenta, por exemplo, nos programas de televisão americanos que enaltecem a bricolagem, a solidariedade entre vizinhos e a luta pela sobrevivência em meio a uma natureza hostil.

É verdade que há, nisso tudo, muita nostalgia e uma visão romantizada do velho mundo industrial, uma consideração muito negativa da globalização e uma incapacidade de entender a transformação da economia do conhecimento, que não equivale necessariamente à especulação financeira. Por outro lado, é um verdadeiro sarcasmo que a pessoa que se apresenta para resolver essas tensões seja um personagem como Donald Trump, que não vem exatamente do mundo das ONGs e dos movimentos antiglobalização.

Um dos dilemas que temos de enfrentar é interpretar adequadamente certa resistência à globalização, que nem sempre é irracional. A coincidência entre esquerda e direita em oposição à Parceria Transatlântica de Comércio e Investimento (TTIP, conforme a sigla em inglês) deve fazer com que uns e outros pensassem. O recuo do *American first* ou *La France d'abord* é uma resposta inadequada a um problema real, o desacordo entre mercados e sociedades. Conhecemos os enormes custos que o fechamento de espaços abertos teve na história, mas também sabemos que custa caro prestar atenção aos sinais emitidos pelas pessoas, por mais estúpidos e incoerentes que sejam; expressam o desejo de proteção que têm o direito de obter, mesmo que em condições muito distintas dos compromissos alcançados pelo antigo Estado Nacional de Bem-estar. Até que isso seja alcançado haverá resistências à configuração de espaços abertos ao comércio e à livre-circulação de pessoas, algumas resistências nas quais sempre se mesclam aspirações razoáveis e reações torpes, mas que nunca são temores totalmente infundados.

27
O fim do multiculturalismo?

Um dos fatos mais surpreendentes das penúltimas eleições americanas é que a batalha foi resolvida principalmente no campo socioeconômico e que os conflitos relacionados à diversidade cultural foram menos relevantes. Há aqueles que se lançaram rapidamente a declarar o fim do multiculturalismo e o retorno de outros campos de confronto anteriores às reivindicações de reconhecimento e até mesmo um certo retorno das classes sobre o primado que as diferenças de gênero e cultura tiveram nas últimas décadas. Depois de anos falando sobre "conflitos pós-socialistas", nos quais a identidade coletiva substituiu os interesses de classe como locais de mobilização política, onde a injustiça fundamental não era a exploração econômica mas a dominação cultural, parece que estamos testemunhando um retorno por razões econômicas. Somente assim seria possível explicar que se mobilizaram os grupos sociais que deram a vitória a Donald Trump e que houve tão poucas razões para votar em alguns dos que o fizeram anteriormente por Barack Obama e cujo voto agora Hillary Clinton reivindicava.

Essa foi a interpretação pela qual alguns declararam o fim do multiculturalismo. Mark Lilla afirmou em *The New York Times* que o liberalismo americano caiu numa espécie de histeria moral em relação à identidade racial, sexual e de gênero, que distorceu sua mensagem e o tornou uma força incapaz de unificar a sociedade e de governá-la. A política também tem a ver com interesses compartilhados e propostas para todos; até a defesa de uma diferença exige uma imagem geral do governo baseada nos direitos, sem a qual não teriam ocorrido as conquistas dos movimentos em favor dos direitos das mulheres, por exemplo, que não queriam votar *de outra maneira* senão *de modo igual* aos homens. Para Lilla, explicar o sucesso de Trump com o ressentimento de um grupo de homens brancos, rurais e religiosos (*the whitelash thesis*) impediria os democratas de entenderem que esse grupo de americanos realmente se sente como que marginalizado na medida em que não se encaixa em nenhuma das categorias de ação afirmativa.

Pois bem, se os habitantes da América se mobilizassem dessa maneira, como um grupo discriminado, não estaríamos enfrentando o esgotamento do multiculturalismo, mas em uma nova fase, na qual simplesmente se reivindicaria o reconhecimento de um grupo que não estava na lista dos menos favorecidos: o daqueles que careciam de um reconhecimento especial. O multiculturalismo seria criticado justamente por não ser multicultural o suficiente. O que começou para destruir uma certa hegemonia teria se tornado um instrumento contra a possível discriminação dos antigos governantes. Essa inesperada mudança de argumento seria uma espécie de triunfo póstumo para a causa multicultural. Aqueles que não se sentem acolhidos pelas categorias raciais ou sexuais inventariadas pelo multiculturalismo estariam se vingando... recorrendo a uma lógica multicultural. Para não dar razão ao que se combate, Pascal Bruckner propôs no *Le Monde* interpretar essa reviravolta de uma maneira diferente. Não se trataria de acrescentar uma nova peculiaridade às reconhecidas atualmente, mas de sublimar todas elas; é o retorno do povo (ou da nação) após décadas de atenção às minorias, o retorno do social após o étnico. O tempo dirá qual é a lógica por trás desse novo conflito na luta pela igualdade, se o paradigma cultural ou o econômico (ou ambos e em que medida). Poderíamos nos deter por um momento na resignada declaração de Michael Walzer que, sem afirmar o fim ou o retorno de nada, limitou-se a descrever sua perplexidade com a nova situação com um gesto de nostalgia: "Alguns de nós imaginam que a soma de todas as vitórias particulares seria uma sociedade de iguais".

Seja como for, é verdade que os democratas não compreenderam completamente o fenômeno da diversidade cultural, que também inclui aspectos conflitantes difíceis de administrar. O discurso da elite sobre diversidade cultural carece de realismo e sinceridade; ambas as coisas são prejudiciais para aqueles que habitualmente vivem com essa diversidade em seus aspectos menos idílicos. Existe um tipo de pessoa progressista que se sente cosmopolita e moralmente superior porque se eleva acima de seus interesses, quando, na realidade, estes não estão em jogo e o que sacrificam são os interesses de outros, mais vulneráveis, em maior contato com as áreas de conflito. Existe uma forma de arrogância e hipocrisia nas elites multiculturais, cuja experiência de alteridade é reduzida a encontros agradáveis no bazar da diversidade (no consumo, na diversão ou na mão de obra barata). São elites que não experimentam a insegurança física em seus bairros ou a incerteza no trabalho. Há um tipo de esquerda, em Nova York e Paris, que adora conversar sobre empatia, mas evita todo debate sobre a realidade concreta de uma sociedade multicultural, na qual nem todos os conflitos são devidos à motivação xenofóbica, como se não houvesse mais dificuldades para integração do que aquelas causadas pelo comportamento racista.

Seria essa a explicação para o fato de os trabalhadores das áreas industrialmente degradadas dos Estados Unidos ou da periferia de Paris votarem na direita?

Se a esquerda, os liberais ou as elites não chegaram a entender isso completamente (exceto, de certa forma, Sanders e Trump à sua maneira) é porque falta-lhes contato com o mundo industrial ou com os "outros", e apenas veem as vantagens da globalização ou os encantos da diversidade. O problema é que aqueles que encarnam as rebeliões não representam uma solução real para os problemas que conseguiram identificar. Nem todos os eleitores pensam que Trump ou Marine Le Pen tinham as soluções necessárias. A única coisa que provavelmente fizeram melhor do que as outras elites foi entender o que estava acontecendo e acertar os registros para sua vantagem eleitoral.

Como, então, devemos entender os novos conflitos? Podemos garantir que os conflitos de classe retornem após décadas de confronto cultural e de identidade? Como determinar quem é realmente excluído e por quê? (seja por ser mulher, pertencer a uma determinada raça ou simplesmente por ser pobre). Obviamente, aqueles que pleiteiam demandas do tipo "Somos 99%" não estão falando da lógica das classes. Muitos dos protestos que ocorreram nos últimos anos não foram mobilizações de classe, mas formularam a oposição radical a um sistema do qual se beneficiaria uma minoria minúscula enquanto causaria sofrimento a uma grande maioria.

Não acho que questões relativas ao gênero, à raça ou à identidade cheguem a desaparecer do cenário político americano nem de nossas democracias em geral. Da mesma forma que pode ser um erro supor que as reivindicações das minorias dissolvam a questão social; o mesmo ocorreria com quem tentasse retornar a uma lógica de classe que não levasse em conta as discriminações específicas das quais ainda são objeto; por exemplo, os afro-americanos como evidenciado pelo movimento de protesto Black Lives Matter. É fácil entender que existe uma relação entre desigualdades econômicas e violência racista. O paradigma de reconhecimento não invalida problemas de redistribuição. De fato, todos os eixos de opressão na vida real são mistos; geralmente, os que são excluídos culturalmente são desfavorecidos economicamente. Além disso, não existem zonas puramente econômicas ou espaços exclusivamente culturais; qualquer prática social é simultaneamente econômica e cultural, embora não necessariamente nas mesmas proporções, como alerta Nancy Fraser. Provavelmente, o mais adequado seja dizer que hoje a justiça exige ser pensada *concomitantemente* como redistribuição e como reconhecimento.

Ninguém extraiu uma conclusão mais precisa, embora modesta, dessa nova constelação do que o também americano Michael Walzer: "Até agora, os combates de que precisamos ainda não surgiram". Nem sindicatos nem partidos estão nele. Existem interesses que não são suficientemente representados ou da maneira que lhes é devida. Imigrantes, jovens, gerações futuras, especialmente trabalhadores vulneráveis, não podem ser representados como a antiga luta sindical com os empregados assalariados, mas os partidos políticos também não transmitem adequadamente o compromisso político dos cidadãos. Pode haver novas maiorias esperando para nascer, assim que as cartas forem repartidas entre as elites e o povo, quando o jogo começar a articular novamente política, economia, sociedade e cultura, de acordo com as novas circunstâncias.

PARTE V
CONFIGURAR SISTEMAS INTELIGENTES

Uma das censuras que nós, filósofos, estamos mais acostumados a suportar é aquela segundo a qual nos dedicamos demais aos problemas e muito pouco às soluções. Até certo ponto isso é verdade, e porque tendemos a pensar que uma boa formulação de problemas faça parte da solução, se não a solução inteira. Se alguém chega a esse ponto, o restante do trabalho pode ser deixado para os demais. Pode-se então fazer como Philip Marlowe, o famoso detetive dos romances de Raymond Chandler, que, flertando com uma bela mulher, chega a um ponto no qual diz para si mesmo: "O passo seguinte estava cantado; então eu não o dei". Depois de ter explicado por que o mais relevante na política não é ter as melhores pessoas, mas haver projetado os melhores sistemas, depois de ter feito algumas sugestões para sobreviver aos maus governantes e depois de ter dissecado o duplo risco das tecnologias, vamos deixar que outros o façam. Entre estes, mais práticos, há gente admirável, eu sei; mas não seriam tão habilidosos na prática se tivessem dedicado seu tempo a se fazer perguntas tão estranhas quanto as que nós, filósofos, nos colocamos.

A principal tarefa do governo da sociedade do conhecimento consiste em criar as condições de possibilidade para a inteligência coletiva. Sistematizar a inteligência, governar por meio de sistemas inteligentes deveria ser a prioridade de todos os níveis de governo, instituições e organizações. Governar ambientes complexos, enfrentar riscos, antecipar o futuro, gerenciar incertezas, garantir sustentabilidade ou estruturar responsabilidades nos obriga a pensar holisticamente e a configurar sistemas inteligentes (tecnologias, procedimentos, regras, protocolos...). Apenas mediante tais dispositivos de inteligência coletiva é possível empreender um futuro que não será mais a continuação pacífica do presente, mas uma realidade intransparente, cheia de oportunidades pela mesma razão que também contém riscos potenciais difíceis de identificar. Esse mesmo princípio de governo inteligente deve presidir a maneira como nos relacionamos com nossos dispositivos tecnológicos para fazer frente às novas ignorâncias que, em uma sociedade complexa, somos forçados a administrar.

28
A política como âmbito de inovação

Todas as reflexões que estão na origem dessa mudança de perspectiva sobre política contidas no termo "governança" partem desta constatação: temos um problema com a política, um problema que não pode ser resolvido melhorando os instrumentos que temos à nossa disposição, mas mudando de problema. Não é que tenhamos identificado bem o problema e que falte apenas o instrumento pelo qual pretendemos resolvê-lo. Nosso erro é mais radical: o papel da política mudou e continuamos a pensar que a única coisa que deve variar são as soluções, fazendo com que a própria política seja mais eficaz agora ou modificando seu formato. A maior ousadia conceitual que somos capazes de propor é a transposição do que era válido na esfera do Estado para as novas realidades globais ou moderar o exercício do poder para que seja aceitável em sociedades mais ativas.

Mas não, as coisas são mais complicadas. A mudança que ocorreu no mundo contemporâneo é muito profunda e afeta a política de maneira mais radical; pode-se dizer, sem exagero, que estamos diante de um processo de transformação social que desafia a política como fizeram, quatrocentos anos atrás, aquelas mudanças sociais que estavam na origem da invenção dos modernos estados nacionais. Esses processos são os que atualmente estão produzindo transformações incomuns nas formas institucionais, instrumentos e mecanismos de coordenação, graças aos quais as sociedades atuais tentam resolver seus problemas coletivos e prover bens públicos. Podemos qualificá-los como mudanças irreversíveis, que não obedecem a uma moda passageira, mas a mudanças estruturais, como a globalização da economia, a configuração das sociedades do conhecimento, a individualização de estilos de vida ou a europeização de nossas sociedades. Em meio a essas turbulências, não se trata de melhorar a eficácia da política tradicional ou mesmo adaptá-la a novas realidades, mas de entender qual é a função que temos o direito de esperar da política em um mundo tão diferente.

A crise política se deve a pelo menos três grupos de problemas que precisam ser distinguidos.

1) Um primeiro sentido dessa crise se deve ao fato de a política não fazer bem aquilo que se esperava dela. No nível mais elementar de mal-estar, referimo-nos a um fracasso que se detecta, que pode ser corrigido e que não questiona nossas orientações vitais; nesse âmbito se situam as reformas que melhoram a política existente, tornando-a mais eficaz.

2) Mais complexos são os problemas resultantes da falta de adaptação diante da presença de novos formatos, problemas inéditos, bens comuns para cuja gestão não existe um nível de tomada de decisão institucional adequado ou legítimo. Aqui entraria toda a comoção que o processo de globalização produz na política antiga. Nesse caso, a solução visa encontrar um equivalente funcional que possa desempenhar funções semelhantes às do Estado na dimensão global. Como não po-

demos chamar isso nem de Estado nem de governo mundial, concordamos em denominá-lo "governança global".

3) Mas há um nível mais inquietante, no qual as reformas ou mudanças de formato resultam insuficientes, porque não somos confrontados com a necessidade de encontrar novas soluções para problemas conhecidos, mas de identificar novos problemas. Nesse caso, não apenas as soluções usuais são inadequadas, mas também os problemas que estávamos acostumados a formular. O que se requer, então, é um exercício de inovação política que exige uma maneira completamente diferente de pensar e agir. Mudanças de paradigma desse estilo são aquelas que estão ocorrendo, por exemplo, com a irrupção das novas tecnologias de informação e a comunicação, que não são uma mera extensão dos instrumentos tecnológicos disponíveis, mas afetam substancialmente a forma de nosso espaço público; vale mencionar também o caso da configuração da atual sociedade do conhecimento, cuja radicalidade não seria compreendida por aqueles que a conceberam como um mero aumento quantitativo nas instituições do conhecimento; também se enganará quem enfrentar as transformações atuais da política como se fossem problemas de reforma administrativa; poderíamos incluir nesta breve lista de exemplos de inovação política o conceito de governança global, que representa mais uma ruptura do que uma continuidade em relação às antigas "relações internacionais".

Quando falamos de inovação, estamos habituados a pensar em ciências experimentais, economia e tecnologias, mas não em ciências humanas, nas sociedades e, muito menos, em seus governos. Alguém poderia reclamar dessa restrição do conceito de inovação, mas a verdade é que há alguma razão que explica o fato de quase ninguém associar a política a algo novo. É surpreendente que a inovação nas esferas financeira, tecnológica, científica e cultural coexista no mesmo mundo com uma política inercial e marginalizada. A retirada da política contra o vigor da economia ou o pluralismo do campo cultural é um fato que merece ser tomado como ponto de partida para qualquer reflexão sobre o papel da política na atualidade. É uma avaliação quase unânime do fato de que a capacidade de moldar a política retrocede de maneira preocupante em relação às suas próprias aspirações e à função pública que lhe é atribuída. Não se trata de defeitos pessoais ou de incompetências singulares, mas de um défice sistêmico da política, de escassa inteligência coletiva em comparação com o vigor de outras esferas sociais.

De fato, vivemos em uma sociedade desequilibrada: entre a euforia técnico-científica e o analfabetismo de valores cívicos, entre a inovação tecnológica e a redundância social, entre cultura crítica no espaço da ciência ou no mundo econômico e um espaço político e social que dificilmente é renovado. Faz tempo que as inovações não vêm de instâncias políticas, mas da inventividade que é aguçada em outras áreas da sociedade. É inconcebível, embora se verifique pela incapacidade crônica de compreender mudanças sociais, a antecipação de cenários futuros e a formulação de um projeto para alcançar uma ordem social inteligente e inteligível.

É certo que as circunstâncias se complicaram porque na sociedade a ser governada quase tudo se multiplicou: os níveis de governo, os sujeitos que intervêm nos processos sociais, os cenários sociais, as demandas contraditórias (economia, política, cultura, segurança, meio ambiente...), os assuntos que são objeto de decisão, as interdependências, os impactos de cada intervenção... Mas a política não é administração, e sim configuração, desenho das condições das ações humanas, abertura de possibilidades. Tem muito a ver com o inédito e o insólito; não é uma ação que segue estritamente a experiência disponível. A política é uma ação cujas consequências são mais amplas do que suas expectativas. Esse contraste, válido para quase todas as ações humanas, é especialmente agudo no caso daquelas que, como a política, são realizadas em meio à extrema incerteza. As novas situações lembram à política que é preciso questionar-se se ela está diante de problemas que pode simplesmente resolver ou se são transformações históricas que exigem uma nova maneira de pensar.

Mas o sistema político não parece estar muito preocupado com o papel que poderá desempenhar após as transformações atuais. Parece faltar aquela pressão que o curso dos acontecimentos exerce sobre as instituições econômicas, por exemplo, e que mobiliza as fontes para a sobrevivência. A política e suas instituições acolhem com tranquilidade os maus presságios sobre seu futuro, como se desfrutassem de imunidade teórica e prática. Mas sua expulsão desse paraíso é iminente. A expectativa até então válida de que sistemas e programas podem operar sem alternativas entra em colapso no momento em que os destinatários descobrem que podem de fato *eleger* o regime de governo que desejam: podem ignorar a política, ignorá-la em suas decisões, agir como se ela não existisse, atribuir-lhe competências menores... Poderia acontecer que a política continuasse a funcionar e se ocupasse de si mesma sem incomodar ninguém, porque seus benefícios são irrelevantes para os outros sistemas a ponto de surgir a pergunta sobre qual função social ela cumpre que não pode ser desempenhada por outros sistemas, mesmo de maneira mais profissional. Portanto, a grande questão que a política enfrenta é qual a forma que ela deve assumir para não ser socialmente irrelevante. É nesse contexto que o conceito de governança surge como estratégia para recuperar a força configuradora e transformadora que a política parece estar perdendo.

O conceito de governança serve para se referir a novas realidades que não foram bem cobertas por outros termos tradicionais; ao mesmo tempo, contém uma expectativa de renovação da política, após décadas em que o discurso oscilou entre planejamento tecnocrático e desânimo; ingovernabilidade. No nível político, refere-se a novas maneiras de governar dentro ou fora do Estado nacional; na esfera econômica, esse conceito é usado para se referir à regulação de mercados ou à organização interna de empresas; sob essa perspectiva os juristas analisam questões que variam da reforma das administrações à função do direito em um mundo globalizado.

O conceito de governança, entendido em sentido amplo, refere-se a uma profunda mudança na ação social e nas formas de governo das sociedades contemporâneas, que devem estar localizadas em meio a um âmbito, não isento de tensões, configuradas pelo Estado, pelo mercado e pela sociedade, e em um contexto marcado pela globalização e pela interdependência. Na teoria política, a governança expressa uma transformação da estatalidade nas democracias, que é forçada a passar de formas hierárquicas e soberanas para modalidades mais cooperativas. A ideia de governança tenta lidar com a circunstância de que, em muitas esferas políticas, os limites do Estado foram dissolvidos, tanto em relação à sociedade quanto ao contexto internacional. E no discurso econômico a governança se refere ao fato de que o funcionamento dos mercados só pode ser entendido corretamente se analisado numa perspectiva sistêmica; ou seja, levando em consideração as formas de coordenação não mercantis que moldam esses mercados.

O trabalho representado pela pesquisa sobre governança é enorme. Precisamos repensar em toda a sua complexidade a trama formada pela hierarquia, pelo mercado e pelas redes, que não podem mais ser pensados isoladamente. A porosidade entre Estado e sociedade ou entre estados e espaço internacional deu origem a uma densidade de interdependências para cuja compreensão e gestão são insuficientes os instrumentos desenvolvidos em um mundo menos interconectado. O desafio consiste em entender e governar os processos de comunicação e cooperação no espaço entre atores cujas ações são interdependentes. Como e em que medida integrar os diferentes atores? Como articular diferentes esferas sociais (economia, cultura, política, mídia) e os diferentes níveis institucionais?

Ultimamente, foi se firmando a convicção de que a regulação de problemas coletivos e a provisão de bens públicos exigem formas de liderança e coordenação diferentes do planejamento tradicional, mas que tampouco devem ser abandonadas à espontaneidade dos processos sociais ou econômicos. A renúncia ao projeto de configuração política da sociedade – que teve sua expressão ideológica no pressuposto neoliberal da autorregulação espontânea dos mercados – implicaria uma renúncia e não corresponderia absolutamente aos valores de uma sociedade bem-ordenada. Essa mudança de paradigma surge de uma reflexão sobre as modificações estruturais da sociedade contemporânea que revelam a perda de eficácia como de aceitação ou legitimidade das formas hierárquicas de decisão.

Por vezes, o termo "governança" tem sido associado a esse processo de despolitização, que nas últimas décadas foi declinado como estilo de desregulamentação, liberalização, privatização ou gerenciamento corporativo. Mas, na realidade, é exatamente o oposto. O conceito de governança é elaborado a partir da necessidade de se opor uma alternativa à ideia liberal-conservadora de um Estado mínimo, como uma reação contra a política administrativa gerencializada. Os conceitos atuais de governança, Estado ativador, sociedade civil e capital social são introduzidos em resposta à desestabilização neoliberal. Uma coisa é que o Estado tenha encontrado dificuldades que não lhe permitem continuar agindo da mesma maneira, e outra que devemos renunciar à ideia de que a política é uma atividade que tem a ver com a configuração de um espaço público. A mudança de paradigma de governo para a governança representa uma oportunidade para a ação política e a expressão de energias sociais, em um cenário mais apropriado para concordância do que controle, que favorece a horizontalidade frente às relações verticalizadas.

Entendida corretamente, a governança não justifica uma despolitização de sociedades complexas, mas o oposto; pode ser um procedimento muito valioso para reconquistar espaços de configuração política que foram abandonados pela política, seja por causa da dificuldade do assunto ou por causa de um preconceito ideológico que confiava na autorregulação das sociedades. Assim, a governança democrática aparece hoje como a possibilidade de salvar o poder político de sua ineficácia e insignificância, de recuperar a política e, ao mesmo tempo, transformá-la profundamente.

Portanto, não se trata de desmantelar o Estado no sentido neoliberal, mas buscar equivalentes funcionais às instituições do Estado nacional compatíveis com os novos cenários de interdependência e policentricidade. O objetivo não é renunciar ao conceito de governo e conceber a política como algo completamente irracional, em que todas as intervenções fracassam ou necessariamente levam a resultados não intencionais. O que se esgotou não foi a política, mas uma certa forma de fazê-la, especificamente aquela que corresponde à era da sociedade territorialmente delimitada e politicamente integrada. Tudo isso também envolveu uma modificação da estatalidade, para a qual apontam conceitos como "Estado garantidor" [*Gewährleistungsstaat*] (Gunnar Folke Schuppert), "Estado ativador", "Estado cooperativo" (Anthony Giddens) ou "governo do contexto" (Helmut Willke). Essas e outras formulações expressam uma passagem do controle para a regulação, da ordem para o treinamento, da benevolência para a ativação. A política deve transitar da hierarquia para a heterarquia, da autoridade direta para a conexão comunicativa, da heteronomia para a autonomia, do controle unilateral para o envolvimento policontextual. Deve estar em posição de gerar o conhecimento necessário – de ideias, instrumentos ou procedimentos – para moderar uma sociedade do conhecimento que opera de maneira reticular e transnacional.

29
Sobreviver aos maus governantes

Dois pesquisadores britânicos, Robert Geyer e Samir Rihani, propuseram um experimento mental para percebermos que sistemas inteligentes são mais importantes do que pessoas inteligentes: e se os dirigentes do Banco da Inglaterra fossem substituídos por uma sala cheia de macacos? Se alguém tivesse de responder rapidamente a esta pergunta, a intuição imediata levaria a garantir que a economia britânica entraria em colapso. Pois bem, em nada do que pudéssemos refletir um pouco e superar o automatismo da reação a resposta seria muito diferente: o governo dos macacos revelaria até que ponto somos governados mais por sistemas do que por pessoas, com equilíbrios, contrapesos e correções automáticas; por isso, os macacos não causariam tanto dano quanto se poderia imaginar.

A pergunta que todos se faziam sobre o que o governo de Donald Trump significava para os Estados Unidos e o mundo como um todo era se o sistema político americano tinha capacidade de resistir a tal presidente ou se finalmente se curvaria diante dos ditames de quem temporariamente o dirigiu. As respostas a esse questionamento são muito variadas, mas estão agrupadas em dois tipos. Os que têm uma visão bastante individualista da política são, neste caso, pessimistas; já os que a concebem de maneira sistêmica tendem a ser otimistas. É curioso que os limites do poder foram motivo de esperança, quando em outros momentos simbolizaram desespero. Não deixou de ser um paradoxo que justamente aquilo que chamávamos, com ar depreciativo, de "casta" (altos funcionários, especialistas, militares, empresários ou o próprio Partido Republicano) e no qual depositávamos todas as nossas esperanças tenha sido um poder que efetivamente limitou o de seu presidente.

O experimento mental proposto pelos professores britânicos é interessante porque, no automatismo de nossas respostas iniciais, fica claro até que ponto estamos em dívida com uma mentalidade centrada nos indivíduos e nos líderes, no curto prazo e na desatenção às condições sistêmicas nas quais nossas ações ocorrem. Continuamos a pensar que o governo é uma ação heroica do povo, em vez de entender que se trata de configurar sistemas inteligentes. Isso prova o que Niklas Luhmann chamou de "a fuga para o sujeito", quando a ação política se degrada a uma competição entre pessoas, seus programas, suas boas (ou más) intenções ou sua exemplaridade moral. É por isso que falamos de liderança com tais conotações personalizadas: a atenção do público está principalmente interessada nas qualidades pessoais daqueles que nos governam; estamos mais preocupados em descobrir os culpados do que em reparar projetos estruturais ruins...

A renovação de nossos sistemas políticos deve ser abordada de maneira diferente. Apostamos alto ao confiar que nossos governantes sejam pessoas competentes e boas; não podemos jogar na roleta russa se eles são exemplares e são dotados de qualidades extraordinárias. A democracia existe para que qualquer um nos governe, o que implica que nosso esforço se direcione aos procedimentos e às regras que nossos líderes devem cumprir, e não tanto à formulação de políticas.

Não desenhemos nossas instituições e suas eventuais reformas pensando em selecionar os melhores e facilitar sua ação governamental, mas em impedir que os piores causem muitos danos; embora, ocasionalmente, essas mesmas instituições possam dificultar aos bons a execução de todos os seus projetos. A democracia é um sistema projetado mais para prevenir do que para facilitar; um sistema que proíbe, equilibra, limita e protege. Essa circunstância que impediu Barack Obama de executar um ambicioso programa de saúde pública poderia ser o que dificultou a realização das promessas (ou ameaças) de Trump.

Seja o que for, focar nos indivíduos para designar os problemas que temos – a teoria de que o importante é o ser humano, seja na perspectiva das características pessoais do líder ou nas motivações do eleitor na chave da escolha racional (*rational choice*) – carrega consigo uma subestimação das propriedades sistêmicas da sociedade. Os principais problemas que a humanidade enfrenta hoje se caracterizam por terem sido colocados por um sistema interdependente e concatenado, para o qual seus componentes individuais são cegos: insustentabilidade, riscos financeiros e, em geral, aqueles causados por uma longa cadeia de comportamentos individuais que podem não ser ruins em si mesmos, mas o é sua desordenada agregação. Portanto, não se trata tanto de modificar comportamentos individuais, mas de configurar adequadamente sua interação, e essa é precisamente a tarefa que podemos chamar de inteligência coletiva. Ganha-se muito mais aprimorando os procedimentos do que melhorando as pessoas que os administram. Não devemos esperar muito das virtudes daqueles que compõem um sistema ou temer muitos de seus vícios; o que realmente deve nos preocupar é se a interconexão deles é bem organizada, quais são as regras, os processos e as estruturas que compõem essa interdependência.

As sociedades são bem governadas quando são governadas por sistemas nos quais se sintetiza uma inteligência coletiva (regras, normas e procedimentos), e não quando são lideradas por pessoas especialmente talentosas ou exemplares. Poderíamos prescindir de pessoas inteligentes, mas não de sistemas inteligentes. É o que costuma ser dito de outra maneira: uma sociedade é bem governada quando resiste à passagem de maus governantes.

Esses duzentos anos de democracia moldaram precisamente uma constelação institucional na qual um conjunto de experiências se cristalizou em estruturas, processos e regras (especialmente as constituições) que proporcionam à democracia um alto grau de inteligência sistêmica, uma inteligência que não está nas pessoas, mas nos componentes constitutivos do sistema. De certa forma, isso torna o regime democrático independente das pessoas específicas que nele atuam e mesmo de quem o dirige, resistindo às falhas e fraquezas dos atores individuais. É por isso que a democracia deve ser pensada como algo que funciona com o eleitor e o político médio; como algo que só sobrevive se a inteligência do sistema compensar a mediocridade dos atores, incluindo a eventual passagem de alguns símios pelo governo.

30
Proteger-nos de nós mesmos

Um exemplo da configuração de nossa inteligência coletiva pode ser visto na maneira como projetamos nossos artefatos tecnológicos. Não me refiro tanto à sua sofisticação, mas ao modo como nos identificamos e nos protegemos de riscos futuros. Pois bem, um dos paradoxos de nossas tecnologias é que elas precisam lidar com estes dois riscos contraditórios: o de não prestarem atenção àqueles que as administram e o de prestar-lhes atenção em demasia. De acordo com essa distinção, haveria acidentes devidos à impotência e os devidos à onipotência. Estamos mais preocupados com estes do que com aqueles; causa mais desassossego estar sob o arbítrio dos homens do que das máquinas.

O primeiro tipo de riscos é mais evidente. Sistemas complexos geralmente operam de forma autônoma, e sem isso não poderíamos ter tecnologia sofisticada, mas muitas vezes essa autonomia é paga com a ingovernabilidade, e os mesmos sistemas que configuramos escapam de nossas mãos e se voltam descontroladamente contra nós. A literatura está cheia de fantasias (agora muito realistas) sobre criações que ganham vida própria e se rebelam, desde *Fausto* e *Frankenstein* à caracterização geral do mundo atual como em descontrole (Anthony Giddens). Se pensarmos nos problemas específicos da sociedade contemporânea, há muitos exemplos dessa falta de controle, e talvez a dificuldade de governar os mercados financeiros seja a mais dilacerante. Quando afirmamos que algo não é sustentável, por exemplo, estamos dizendo que conseguimos colocá-lo em operação, mas não podemos garantir que no futuro ele obedecerá às intenções que justificaram sua implementação ou, simplesmente, que possa entrar em colapso. Ou pensemos no exemplo diário de como mudaram nossos relacionamentos com a tecnologia que usamos. Nós nos acostumamos a usar dispositivos cuja lógica não conhecemos; por isso, quase ninguém sabe como funcionam nem como consertá-los, e, mesmo o especialista a quem recorremos, apenas substitui peças, em vez de repará-las. Quando algo enguiça, o defeito se torna irreparável.

De fato, o piloto automático é um bom exemplo do paradoxo que ocorre quando perguntamos quem está no comando. Um piloto pensa que está pilotando aviões; mas, desse ponto de vista, é o contrário. O piloto coloca o sistema em movimento, mas imediatamente é a máquina que prescreve, nos mínimos detalhes, tudo o que o piloto deve fazer, a ponto de prescindir completamente dele. O piloto precisa se adaptar à lógica do voo. Um sistema é inteligente quando pode desobedecer a certas ordens absurdas. Ninguém em sã consciência deveria lamentar essa circunstância, porque devemos a ela muitos dispositivos que tornam mais fácil a vida e, às vezes, literalmente, a asseguram.

O outro grande risco consiste em que as tecnologias estejam excessivamente sujeitas àqueles que as administram. Existem acidentes e catástrofes que não têm causa na falta de poder daqueles que dirigiam um sistema tecnológico, mas porque esse poder era excessivo. Pensemos nos acidentes de trem causados pelo excesso de velocidade e que nenhum dispositivo impedia o maquinista de atingir a velocidade crítica (como foi o caso do acidente de trem em Angrois em 24 de julho de 2013). O caso mais dramático é o do piloto suicida do avião da Germanwings, que caiu nos Alpes Franceses (24 de março de 2015). Em ambos os casos, sofremos por conta do excesso de poder concedido a um só homem sobre um artefato que não era suficientemente inteligente, pois deixava ao arbítrio do condutor a velocidade e até a liberdade de atingir uma montanha, enquanto disparavam todos os alarmes, mas não havia nenhum dispositivo que pudesse forçá-lo a retificar o voo. Existem muitos sistemas que são inteligentes por serem capazes de se opor à vontade expressa daqueles que os administram. A sofisticação dos dispositivos inclui sistemas que impedem quem governa de fazer o que bem quiser, desde os limites constitucionais para o sistema político até os sistemas de freios automáticos em nossos veículos.

Direi de uma maneira um tanto provocativa: o paradoxo de qualquer sistema inteligente é que ele não nos permite fazer o que queremos. Vamos ver alguns exemplos. Aquilo que isso mais se assemelha é um conjunto de proibições e limitações; dificulta inclusive a sua própria modificação, para a qual estabelece condições de procedimento e maiorias qualificadas para garantir que essas mudanças não sejam uma ocorrência ocasional ou o resultado de uma exígua maioria. Os freios ABS são um sistema que nos impede, num momento de pânico, de frear o quanto gostaríamos, o que colocaria em risco nossa estabilidade e acabaria causando mais danos do que não frear. Até o medo é um instinto que nos protege de nós mesmos. O neurologista António Damásio narra a história de um paciente que sofreu uma lesão cerebral que o impediu de experimentar certas emoções, como o medo, a ponto de poder fazer algumas coisas melhor do que outras, como dirigir em estradas geladas, evitando a reação natural de frear quando o carro derrapava. Alguém pode comprar livremente os produtos financeiros que desejar – é claro –, mas a experiência da crise econômica nos levou a endurecer as condições de compra, forçando as instituições de crédito a garantirem que o comprador tenha a solvência e o conhecimento necessários para comprar um determinado produto. De alguma forma, a inteligência sistêmica configurou uma série de protocolos para que as pessoas não possam fazer o que querem quando usam dispositivos particularmente perigosos; seja um veículo, um governo ou um produto financeiro. De fato, existe um mercado crescente para o que poderíamos sem exagero chamar de "proteger as pessoas de si mesmas", como *behavioral apps* (aplicativos para o comportamento), que nos alertam e monitoram. Nem sempre nós seres humanos queremos fazer o que desejamos, e essa autolimitação é fonte de comportamentos razoáveis.

Por isso pode-se dizer sem exagero que, da mais modesta tecnologia aos procedimentos políticos mais sofisticados, os sistemas governamentais serão tanto mais inteligentes quanto mais resistirem à obstinação daqueles que governam. Isso é o que Adam Smith e Karl Marx, entre outros, queriam nos ensinar: que os sistemas sociais têm uma dinâmica própria que age independentemente da vontade dos atores. Todo o progresso humano está em jogo nesse difícil equilíbrio entre permitir que a vontade humana governe os eventos e impedir ao mesmo tempo a arbitrariedade.

O acidente da Germanwings talvez se deva ao fato de que essa reflexão sobre os perigos de quem administra um dispositivo tecnológico tenha sido perdida de vista como consequência da defesa contra o terrorismo, que tende a considerar o inimigo como situado, literal e metaforicamente, fora. Recordemo-nos de que o piloto do avião começou sua manobra para se chocar contra os Alpes quando estava sozinho. Nem o copiloto nem o resto da tripulação conseguiram acessar a cabine trancada quando tomaram conhecimento de sua intenção suicida. Nossos protocolos de segurança são sofisticados desde o 11 de setembro, pensando mais em inimigos de fora do que de dentro, mais em um terrorista externo do que em um piloto louco. Daí que, entre outras coisas, fosse possível trancar a cabine do avião por dentro ou que a porta fosse blindada. Todo o paradoxo da questão está resumido em como enfrentar os riscos produzidos por nossas próprias medidas de segurança, em como evitar as proteções excessivas.

Um sistema inteligente é, por assim dizer, um sistema que nos protege não apenas dos outros, mas também de nós mesmos. Ele é configurado após a experiência dos perigos que somos capazes de gerar e frente ao atavismo de considerar que nosso pior inimigo é sempre alguém que não seja nós mesmos. Permito-me concluir que a solução não passa pelas pessoas, mas pelo aprimoramento dos sistemas que nos protegem contra as pessoas, os nossos erros, a nossa insanidade ou a nossa maldade.

31
Democracia da negociação

Boa parte dos principais problemas políticos que nossas sociedades democráticas enfrentam requer instituições e hábitos de negociação. Há problemas que são resolvidos pela votação e outros que exigem algo mais ou algo diferente do que é alcançado quando uma votação configura a maioria. Nesses casos, não se trata tanto de votar como de construir esse tipo de vontade popular que não é alcançada durante a votação. Votar sempre implica a vitória de um sobre o outro. Há questões que podem ser resolvidas simplesmente contando os votos, mas há outras – as mais decisivas, as que afetam as condições de convivência – para as quais é necessário um acordo mais amplo; ou seja, uma vontade política mais inclusiva. Se passássemos o dia contando votos, mas sem conversarmos entre nós, não teríamos uma verdadeira democracia; ou mesmo se estivéssemos discutindo constantemente mas fôssemos incapazes de pôr um fim à discussão e tomar decisões. A democracia não é nem o reino dos votos nem o reino dos vetos. Apelar para o consenso em certas decisões é inútil, mas arriscar tudo a uma maioria acidental pode ser uma imprudência política. Para certas questões, é bom que as diferenças ideológicas sejam claras (quando se trata de eleger, p. ex.); para outras, é melhor que as diferenças tenham sido mitigadas por meio de negociação prévia (ao estabelecer ou modificar as regras do jogo que dão à nossa coexistência uma certa estabilidade). A democracia é um sistema político que equilibra discussão e decisão, negociação e resolução, acordo e dissidência. A quantidade necessária de um e de outro para que não haja bloqueios nem imposições é algo que depende das questões em jogo e do momento histórico no qual a sociedade se encontre.

Acostumamo-nos tanto a identificar a democracia com decisões nítidas (eleições, votação, plebiscitos), binárias (entre sim e não, dentro ou fora) ou com uma estrutura antagônica (ou decidimos ou nos submetemos, ou fazemos parte da maioria ou da minoria), que qualquer outro processo político que não resulte em um campo de batalha repleto de cadáveres e com alguns que chegam à vitória nos parece uma pantomima.

Essa maneira de ver as coisas é acentuada pela exaltação inequívoca do conceito e da prática da transparência, cuja absolutização nos leva a supor que a discrição seja equivalente a uma opacidade injustificada. A crescente polarização e a desconfiança que há anos vêm ganhando espaço em nossos sistemas políticos contribuem para impedir as possibilidades de negociação. Se a democracia é um combate antagônico que se desenrola em um cenário público que todos podemos contemplar em cada um de seus momentos, não há espaço para a negociação discreta que exigiria qualquer construção negociada de maiorias mais inclusivas.

A linguagem do pacto, a cooperação, o compromisso e a transação não são necessariamente equivalentes à conspiração das elites contra a lógica democrática; mas, em certas ocasiões e para certas questões, são procedimentos que permitem uma maior inclusão democrática.

Existe uma dimensão competitiva da democracia, na qual prevalecem os critérios da maioria e alguns vencem e outros perdem, mas há também uma democracia de negociação, necessária para algumas questões e que permite uma melhor construção da vontade popular do que a democracia majoritária. As democracias têm uma dimensão competitiva (as eleições e os referendos, as instituições do antagonismo e o desacordo, os jogos de soma-zero), mas também outra de negociação (na qual são construídos acordos e consensos, jogos de soma positiva); a primeira, que decide de acordo com os critérios majoritários e por meio de procedimentos públicos, é superestimada em comparação à segunda, na qual a decisão é minimizada e até evitada, e os procedimentos bastante discretos. O momento competitivo está eclipsando a dimensão colaborativa da democracia. O triângulo concorrência/maioria/publicidade está subvalorizando outros instrumentos do processo político em que haveria cooperação/acordo/negociação, que são especialmente apropriados para os problemas colocados, por exemplo, por sociedades territorialmente compostas. Com o pacto não se arbitra apenas entre posições opostas, mas também se leva a cabo uma modulação de tais posições que permite variações maiores do que o sim ou não; ou seja, que em última análise reflete melhor a pluralidade social e proporciona aos cidadãos uma opção de escolha mais adaptada às suas preferências. Por que é mais democrático votar quando negociar é uma operação que permite que mais pessoas sejam integradas à vontade popular? É mais democrático escolher entre posições contrapostas do que ratificar ou não um acordo no qual múltiplas nuanças foram integradas?

Algo disso aconteceu na Catalunha, especificamente em convocatórias, que utilizaram instrumentos inadequados para os fins perseguidos, procedimentos de tipo majoritário para resolver problemas que requeriam estratégias de negociação. Não era uma questão de ordem pública nem judicial, mas também não era algo que pudesse ser resolvido com uma votação. O fato de tudo ter sido confiado à aritmética (um referendo ou uma nova eleição) é uma consequência da pouca confiança na possibilidade de arbitrar outros procedimentos políticos mais inclusivos. Pensar que um referendo, cujas condições não foram acordadas, seja capaz de definir um novo *status* político é tão ilusório quanto acreditar que eleições normais, que no máximo servem para mudar o governo, iriam dissolver um conflito político cuja verdadeira natureza não se quer reconhecer. Nos dois casos, comete-se o erro de confiar a um instrumento para a construção de maiorias a solução de um problema que requer a construção de acordos amplos. A democracia majoritária é incapaz de alcançar o que no melhor dos casos se alcança por meio da democracia de negociação.

Não há atalhos para a democracia inclusiva. Dado o nível muito baixo de diálogo que temos, com a confiança caída por terra e uma mínima capacidade de transação por parte dos principais atores políticos, é previsível que levemos muito tempo para reconstruir uma cultura política de negociação. A quem insistir que esse objetivo é muito difícil ou impossível se deveria perguntar se conhece algum milagre mais provável.

PARTE VI
O QUE NOS ESPERA

Ninguém pode se despedir de um livro endereçado aos perplexos sem se aventurar no tempo que virá. Quando se é filósofo e não vidente, as recomendações sobre como ver o futuro não serão apostas proféticas ou afirmações demasiado fortes; conforto-me em dar algumas indicações que melhorarão a nossa disposição para enfrentar um tempo que, pela sua própria natureza e apesar dos perigos do futuro, é fundamentalmente desconhecido para nós. Refletiremos sobre a maneira pela qual as mudanças ocorrem, pensemos no curioso paradoxo de que esquadrinhar o futuro é uma tarefa inevitável e, com poucos resultados, consideremos qual estado de espírito é mais razoável diante do futuro. Feito isso, não saberemos muito mais e melhor o que nos espera, mas estaremos mais bem-equipados para que a entrada nesses espaços desconhecidos do tempo vindouro não produza em nós esse duplo distúrbio cognitivo e emocional sofrido pelos perplexos: ou de interpretar tudo com categorias que já conhecemos (o perplexo que não sabe o que é, que não o quer ou não o consegue reconhecer) ou de sermos incapazes de entender a novidade com base no que já é conhecido (quem não descobre nada velho no novo, que inventa o que já era conhecido ou quem acha que descobriu algo conhecido por todos porque era pessoalmente desconhecido). O futuro é algo que, em princípio, não podemos conhecer, mas podemos nos comportar razoavelmente com ele.

32
Esquadrinhar o futuro

Há pouco tempo, o jornal *El Correo* queria saber como seria o País Basco no longo prazo. Para isso, não lhes ocorreu outra ideia senão perguntar a um grupo de intelectuais: pessoas que, como é sabido, não sabem mais do que os outros, mas se caracterizam por não terem muitos escrúpulos em arriscar sua reputação com declarações enfáticas sobre o que há de acontecer, talvez esperando que, quando isso não ocorrer, ninguém se lembrará do que haviam assegurado. Esta foi a minha resposta: "Desnecessário dizer que, se isso se aplica aos de Bilbao, vale para todo o mundo".

Não podemos saber como estaremos em 2030, e para saber como seremos, o melhor é explicar por que não podemos sabê-lo. Este não é um trava-língua para confundir ninguém, nem pretendo escapar da questão que me foi colocada, mas tento defender três hipóteses que me parecem plausíveis:

1) Mais do que nunca, o futuro é difícil de conhecer. Em outros momentos da história alguém podia supor que as coisas mudariam ao longo do tempo, mas não na aceleração com que ocorrem atualmente; além disso, não havia tantos fatores envolvidos no presente. Portanto, o grau de imprevisibilidade era relativamente pequeno e manejável.

2) A razão dessa dificuldade em conhecer o futuro tem a ver com a volatilidade peculiar que caracteriza o mundo em que

vivemos. Não nos encontramos em meio a estruturas particularmente estáveis; o que fazemos não é mantido em um espaço limitado e qualquer fator pode se intrometer a qualquer momento em nossas vidas, como as pandemias, a instabilidade financeira, um ataque terrorista, as mudanças climáticas que não conhecem fronteiras, o espaço aberto das redes sociais, a comunicação instantânea na qual parece não haver lugar para o segredo ou a intimidade... Esse panorama não é algo ocasional ao qual logo sucederá uma nova ordem mundial, mas – neste ponto atrevo-me a agir como profeta – uma certa desordem na qual teremos de nos acostumar a viver e administrar suas incertezas peculiares. Quase nada está seguro contra o desgaste e definitivamente protegido contra as intempéries que teremos de enfrentar. E isso explica muitos dos males desta sociedade, incluindo as reações menos razoáveis.

3) Tudo isso não é uma desculpa para nos resignarmos a esse novo destino ou justificarmos a improvisação, mas um estímulo para melhorar nossos instrumentos de antecipação e estratégia. Precisamente porque temos muito poucas garantias sobre o que nos espera, somos obrigados a nos esforçar para antecipá-lo. Nossas democracias se esgotam em uma agitação improdutiva e incapaz de realizar as transformações de que a sociedade precisa. Se mantivermos o ideal de uma convivência regida pelos valores da justiça, entre os vivos e para com as gerações futuras, devemos nos perguntar sobre os efeitos no futuro daquilo que fazemos no presente e se vamos deixar para os pósteros uma sociedade equilibrada e justa, um meio ambiente saudável e um sistema de seguridade sustentável. Não nos perguntemos tanto como será o mundo em 2030, mas quais consequências terá o que fazemos agora.

33
Mudar o mundo

O desejo de que com o Ano-novo as coisas mudem é um ritual e não tanto uma determinação da qual se seguem as consequências desejadas. Responde mais à resignação do que à esperança, e nos lembra dois fatos implacáveis da existência humana: quão difícil é mudar e quão inevitável é a mudança que ocorre sem a nossa intenção ou permissão. Dificilmente podemos mudar quase nada, enquanto quase tudo muda. A essa experiência acrescenta-se também o duplo paradoxo de que tudo muda quando nada parece mudar e que nada muda quando tudo parece mudar. Provavelmente, isso se deve ao fato de interpretarmos a agitação como a origem das maiores mudanças e não possuirmos nenhum órgão que, em períodos de calmaria, faça-nos perceber as mudanças latentes ou de fundo.

O outro grande momento ritual de mudança são as eleições políticas. Há muito tempo que "mudança" se tornou um *slogan* banal (utilizado tanto pela esquerda quanto pela direita), por trás do qual os eleitores não identificam uma vontade radicalmente transformadora, mas o desejo de reverter a relação entre aqueles que estão atualmente no governo e na oposição, uma mera alternância (que às vezes não é ruim). A mudança nas agendas, nas prioridades, no estilo de governo ou na cultura política depende em parte da vontade dos novos governantes e se os contextos atuais lhes permitirem fazer as coisas de forma diferente; em outras palavras, é algo bastante improvável. Geralmente, os políticos não sabem exatamente o que fazer; mas, quando sabem, não correm o risco de perder o poder que isso implicaria. Existe uma mistura fatal de negação de problemas, adiamento de soluções, falsas esperanças, persistência de rotinas, vetos mútuos e "curto prazismo" que acaba reduzindo ao mínimo sua capacidade transformadora. Em vez de mudar o mundo, os discursos políticos visam salvá-lo (das várias crises em que se encontra ou de inimigos, reais ou inventados), isso quando não visam a salvar-se cinicamente em meio ao desconcerto geral.

A história da humanidade está repleta de apelos por mudança. Profetas, moralistas, revolucionários, agora os *coachers*, todos têm se empenhado com a nossa conversão e a transformação do mundo. Há de tudo: imperativos religiosos (converter-se, arrepender-se, salvar-se), modernos (avançar, mudar, adaptar-se, resistir, ser competitivos, inovar) e pós-modernos (estar em forma, despreocupar-se, ser solteiro, desacelerar, cuidar).

Todos esses apelos contrastam com a nossa experiência, pessoal e coletiva, da dificuldade de mudar-se e mudar. Pensemos na persistência das más práticas na vida pessoal: o casal que acaba reiteradamente nas mesmas discussões; hábitos alimentares insalubres, mas que não podemos erradicar; um estilo de direção com o qual corremos riscos indesejados e dificilmente nos levam a lugar algum; a tendência de transformar nossa mesa de trabalho em um campo de batalha; o acúmulo de informações que acaba nos desorientando... É muito difícil nos livrarmos das práticas enraizadas. Nestes e em muitos outros exemplos que poderíamos citar fica claro que, para mudar nosso comportamento, não basta ter consciência de que a mudança é necessária.

No âmbito social existe uma inércia coletiva que se manifesta como resistência à mudança, aceleração improdutiva, desordem persistente ou dinâmica ingovernável, que não devemos subestimar e que só pode ser modificada indiretamente, com incentivos de vários tipos. A estagnação é perfeitamente compatível com o fato de que o sistema político é um lugar de grandes turbulências e de discursos enfáticos para colocar tudo de pernas para o ar. O radicalismo é para a revolução o que a agitação é para o movimento ou a indignação para a democratização: simulacros de mudança, não apenas compatíveis com a falta de mudança, mas em muitos casos estimuladores a não mudar, porque já alcançamos algo que se parece com a mudança. Alguém se movimentou bastante, elevou o tom, o presidente do Congresso pediu ordem, causou uma estagnação e não uma transformação, e, no final, continua a governar a direita... O princípio de Lampedusa também tem sua versão de *low cost*: até o populismo poupou ao *establishment* o esforço dessa operação, que consiste em mudar tudo para que ninguém mude. Então, fazemo-lo os de baixo, e o desgaste para os que realmente comandam é ainda menor.

O grande problema de nossos sistemas políticos não é a instabilidade, mas a instabilidade devido ao fato de que não se realizam as mudanças necessárias. Alguém já tomou nota de quantas vezes exigimos mudar o modelo de produção, um pacto educacional ou a reforma da constituição? Mais do que alavancas, iniciativas ou pontos arquimedianos, a física social é cheia de vetos, bloqueios, inflexibilidade, impedimentos e rigidez. Dominam os beneficiários do *status quo* que, obviamente, não estão particularmente interessados em trabalhar no chamado "consentimento dos perdedores".

Ao mesmo tempo, as sociedades não deixam de mudar, mas apenas como consequência da nossa intenção de fazê-lo. Quem muda o mundo quando o mundo muda? O discurso voluntarista fala de transformação; mas o que ocorre de fato são mudanças de paradigma que têm muito pouco a ver com iniciativas de nossa vontade. Trata-se de modificações das coisas, às vezes de uma grande profundidade, mas que não são planejadas, dirigidas ou declaradas. A transformação do mundo é transitiva (alguém muda algo), mas também reflexiva (algo muda a si próprio sem que essa mudança possa ser atribuída a alguém em particular). Estamos atuando em um mundo cambiante, em vez de liderar ou revolucionar realidades estáticas.

A imagem de um autor soberano que planeja, lidera ou revoluciona parece incompatível com o fato de que, onde atuamos, outros também agem e que aquilo que queríamos mudar só muda em um sentido diferente do que tínhamos pretendido. Como dizia Hans Magnus Enzensberger: quando, agindo politicamente, pretendemos alcançar algo, geralmente acabamos produzindo algo completamente distinto. A tensão entre as duas formas gramaticais de mudança persiste sempre. Não está claro quanto dessa mudança do mundo é devido à nossa vontade e quanto mudou por si mesmo.

De fato, a maior parte das mudanças políticas se originou em um movimento social ou em uma iniciativa externa à vida institucional de governos e parlamentos, dedicados a legislar sobre o passado ou reagir a crises, quase nunca a antecipar e governar em vista do futuro. Os partidos políticos, supostos agentes da configuração da vontade política, subcontratam a eleição de seus candidatos nos movimentos sociais, que condicionam cada vez mais suas decisões e sua agenda.

De maneira discreta, às vezes imperceptivelmente, as linhas de conflito se alteram, nossas interpretações da realidade se desgastam, algumas convenções deixam de fazer sentido para uma maioria considerável. Certas maneiras de agir se tornam ridículas da noite para o dia – basta ouvir certos discursos políticos, a representação do poder, a composição predominantemente masculina de governos e parlamentos de, digamos, trinta ou quarenta anos. As ondas de indignação no meio da crise econômica ou as recentes alegações contra o assédio sexual são exemplos disso, sem saber muito bem como – deve haver alguma explicação retrospectiva, mas não será o resultado de uma iniciativa política anterior – algo que um dia foi mais ou menos consentido passa a ser considerado intolerável. O terrorismo havia sido combatido em muitos casos, mas seu fim ocorre quando as circunstâncias coincidem no mesmo momento em que algo que já era desde sua origem uma monstruosidade também parece uma estupidez inútil. Eu estava morando na Alemanha quando caiu o Muro de Berlim e lembro-me de como éramos incapazes de explicar seu colapso por uma única causa ou por quem o havia causado. Sabíamos da arbitrariedade que simbolizava, mas era necessário produzir um conjunto de circunstâncias que não tinham nada intencional, para que de um dia para o outro esse muro também não fizesse sentido.

Deveríamos então desistir de formular algum propósito para a mudança? Já de início, é mister saber reconhecer quando e em que medida as mudanças são necessárias, da mesma forma que os sistemas políticos não devem desconhecer que todo projeto de transformação social tem limites, efeitos indesejados, inércia e resistência, que as sociedades não podem mudar por decreto, por voluntarismo ou sem ampla cumplicidade social. Seria bom se tivéssemos a iniciativa de mudar o mundo, é claro, mas tendo em conta que, dado que o trabalho mal feito é a condição humana habitual, que a improvisação nos caracteriza mais do que a previsão ou o planeamento, é pouco provável que tenhamos algum sucesso.

Não obstante tudo isso, podemos considerar alguns objetivos que só são modestos na aparência. Comecemos reconhecendo que às vezes interpretar corretamente o mundo é uma boa maneira de mudá-lo ou, em todo caso, a condição para fazê-lo. E sigamos com o objetivo de melhorar nossa atenção: no espaço (examinando as camadas profundas da sociedade) e no tempo (dirigindo o olhar para um pouco mais longe). O latente e o distante precisam ganhar peso político contra o visível e o imediato.

Embora não possamos mudar tudo o que queremos, ou na medida em que isso nos pareça desejável, está em nossas mãos trabalhar para que, no futuro, aconteça algo improvável que não esteja ao nosso alcance como sujeitos isolados. Quem sabe se, ao descrever um dia a cadeia causal de mudança social, esse ato isolado (como a imolação de Mohamed Bouazizi, aquele jovem tunisiano que desencadeou a Primavera Árabe, ou a denúncia da atriz Ashley Judd contra o assédio sexual em Hollywood) poderá ser identificado como o que desencadeou a reação coletiva, um ato que foi imitado e acabou formando uma grande cachoeira. É por isso que somos obrigados a fazer bem o que nos toca. Como nunca sabemos completamente se estaremos sozinhos ou se seremos o início de uma mudança, façamos bem o que temos de fazer para o caso de alguém completar o que começamos. Poderíamos formular isso como se fosse um imperativo kantiano: fazer as coisas como se pudessem ser o começo de uma grande transformação coletiva.

Não conhecemos a maioria das coisas que nos acontecerão; também não sabemos se elas acontecerão por causa ou apesar do que fazemos. É por isso que a única coisa razoável a fazer é agir com a ficção de que aquilo que acontecerá depende do que fazemos ou, pelo menos, que de nossas ações decorrerão efeitos e que devemos antecipá-los o máximo possível.

34
Por que o pessimismo não é razoável

Um dos mistérios mais insondáveis de nossa profissão de filósofo não é a pergunta pelo ser, se existe o mundo externo ou se somos realmente livres, mas algo muito mais irritante: que as pessoas nos apreciam quanto mais tristes somos. Por que parecemos mais profundos quando somos mais negativos? O que explica o prestígio do pessimismo? Por que, se um filósofo quer ser levado a sério, precisa ser sombrio?

Qualquer um pode verificar essa avaliação pública e suas possíveis variantes: o pessimista tem mais prestígio intelectual do que o otimista; quem denuncia é mais correto do que quem aprova; um diagnóstico é mais profundo quando é mais negativo; um intelectual feliz é um impostor ou não inteligente. Desde que Voltaire considerou sinceros aqueles que não consideravam as coisas tão irreparavelmente negativas quanto ele, a filosofia se tornou a "ciência triste" de que falava Theodor Adorno. Filosofar é equivalente a decepcionar e denunciar. É claro que há outra tradição da filosofia mais irônica e alegre, mas esta foi marginalizada pelo princípio hegemônico de que o pensamento não tem nada para comemorar.

Esse prestígio do negativo se deve ao fato de contrastar com a banalidade das boas notícias, de um certo "pensamento positivo", cujo conceito mais sofisticado é o dos brotos verdes [Norman Lamont falava em *green shoots* para indicar sinais de recuperação econômica durante uma crise econômica de 1991]. Contudo, não devemos nos medir com as versões mais fracas do que nos opomos, mas sim com seus melhores argumentos. Nesse caso, a triste filosofia nos deve uma razão que justifique por que o pessimismo é mais razoável do que seu oposto.

A pergunta pelo estado de ânimo está em voga, não há dúvida. Existe alguma razão que explique essa maneira cotidiana de nos interpelarmos? Perguntar aos outros sobre sua sensação em relação ao que o futuro pode nos oferecer é algo que só faz sentido quando declina a confiança nas previsões. Trata-se de uma pergunta que se multiplica proporcionalmente à incerteza. É por isso que é a pergunta sobre a crise a que nos colocamos quando não temos ideia do que nos espera. Não estamos na era dos prognósticos precisos; se ainda confiássemos neles, estaríamos consultando suas previsões, e não perguntando genericamente sobre o estado de ânimo dos outros.

Mais ainda é possível – com o que está ruindo – defender que o otimismo é mais razoável do que seu oposto, e, mesmo assim, não parecer bobo? Embora não seja o que se espera da minha profissão nem seja politicamente correto, eu gostaria de dar algumas razões para defender que o otimismo é mais razoável do que o pessimismo, agora e de maneira geral.

A razão mais profunda para não se render é que nunca podemos ter certeza de que as coisas necessariamente vão piorar e que, se desistirmos, ninguém garante que talvez estejamos perdendo o melhor. Há uma fábula muito breve de Esopo que eu sempre considerei como a melhor ilustração desse otimismo por exclusão, a refutação mais poderosa da ideia de que não pensar em nada é o melhor remédio contra o desespero e a morte: "Uma vez um ancião cortou um feixe de madeira, apanhou-o e empreendeu um longo caminho. A estrada o deixou exausto. Ele, então, largou a carga no chão e chamou pela morte. Esta apareceu de imediato e lhe perguntou: 'Por que me chamaste?' O velho respondeu: 'Para que me ajudes com a lenha'. O homem havia perdido sua força e esperança; então deve ter parecido a ele que era hora de cessar esse esforço. Percebendo que havia tirado muitas conclusões de sua exaustão, declinou de seu desespero precipitado e se pôs novamente a caminhar".

Concluir é sempre uma decisão precipitada; "enquanto há vida, há esperança", diz o ditado. Eu preferiria colocar desta maneira: "enquanto a vida não acabar, nem tudo estará perdido". E quem sabe se, diante de todas as evidências, temos ainda algo positivo para viver? Fernando Pessoa entendeu muito bem até que ponto concluir é uma decisão precipitada: "Não me venham com conclusões! A única conclusão é morrer".

A pergunta pelo otimismo ou pelo pessimismo parece se referir a uma expectativa, mas na realidade é um balanço, e, como tal, algo que fecha e conclui. Portanto, o mais razoável é resistir a dar ao presente o caráter definitivo, postergando a resposta, deixando-a em aberto. É sempre muito cedo para concluir; essa é a justificativa racional para o otimismo. O ruim é o definitivo, a provisoriedade sempre atua a nosso favor.

Enquanto durar o tempo existe a possibilidade de ser perdoado, de aprender, de mudar, de que haver algum alívio, uma pausa, de o sofrimento ser interrompido em algum momento ou de a injustiça ser reparada. O melhor de nossa condição humana é que estamos cercados de possibilidades e que, entre elas, pode haver algo melhor do que aquela que se concretizou. Não é que se trate tanto que o nosso seja o melhor de todos os mundos possíveis, conforme a célebre formulação de Leibniz, mas que seja *um* entre os possíveis, que não seja o único e que haja outras possibilidades. Que haja *mundos possíveis* é a melhor garantia de que o otimismo não é injustificado.

Quem sabe se justamente nós somos capazes de possibilitar algo melhor? Quem está em posição de garantir que, pelo contrário, o melhor está fora do nosso alcance? Como sabê-lo? Por trás de um pessimista sempre há alguém com muita certeza; o ceticismo, por outro lado, é o prelúdio do otimismo. Um pessimista é, na melhor das hipóteses, um desmemoriado que esqueceu que o passado quase nunca foi melhor; no pior dos casos, ele é um reacionário que não se lembra dos males do passado e idealiza um tempo anterior inegavelmente melhor do que o nosso presente. Um pessimista é geralmente mais dogmático do que um otimista, e como duvido muito, geralmente sou bastante otimista. Costumamos ser otimistas mais por defeito do que por virtude.

CULTURAL

Administração
Antropologia
Biografias
Comunicação
Dinâmicas e Jogos
Ecologia e Meio Ambiente
Educação e Pedagogia
Filosofia
História
Letras e Literatura
Obras de referência
Política
Psicologia
Saúde e Nutrição
Serviço Social e Trabalho
Sociologia

CATEQUÉTICO PASTORAL

Catequese
Geral
Crisma
Primeira Eucaristia

Pastoral
Geral
Sacramental
Familiar
Social
Ensino Religioso Escolar

TEOLÓGICO ESPIRITUAL

Biografias
Devocionários
Espiritualidade e Mística
Espiritualidade Mariana
Franciscanismo
Autoconhecimento
Liturgia
Obras de referência
Sagrada Escritura e Livros Apócrifos

Teologia
Bíblica
Histórica
Prática
Sistemática

REVISTAS

Concilium
Estudos Bíblicos
Grande Sinal
REB (Revista Eclesiástica Brasileira)

VOZES NOBILIS

Uma linha editorial especial, com importantes autores, alto valor agregado e qualidade superior.

VOZES DE BOLSO

Obras clássicas de Ciências Humanas em formato de bolso.

PRODUTOS SAZONAIS

Folhinha do Sagrado Coração de Jesus
Calendário de mesa do Sagrado Coração de Jesus
Agenda do Sagrado Coração de Jesus
Almanaque Santo Antônio
Agendinha
Diário Vozes
Meditações para o dia a dia
Encontro diário com Deus
Guia Litúrgico

CADASTRE-SE
www.vozes.com.br

EDITORA VOZES LTDA.
Rua Frei Luís, 100 – Centro – Cep 25689-900 – Petrópolis, RJ
Tel.: (24) 2233-9000 – Fax: (24) 2231-4676 – E-mail: vendas@vozes.com.br

UNIDADES NO BRASIL: Belo Horizonte, MG – Brasília, DF – Campinas, SP – Cuiabá, MT
Curitiba, PR – Fortaleza, CE – Goiânia, GO – Juiz de Fora, MG
Manaus, AM – Petrópolis, RJ – Porto Alegre, RS – Recife, PE – Rio de Janeiro, RJ
Salvador, BA – São Paulo, SP